I0832844

LE MONASTÈRE
DES
FRÈRES NOIRS,
OU
L'ÉTENDARD DE LA MORT,

PUBLIÉ

PAR LE BON DE LAMOTHE-LANGON.

J'embrasse mon rival, mais c'est pour l'étouffer!
RACINE.

SECONDE ÉDITION.

TOME DEUXIÈME.

PARIS.
CHEZ POLLET, LIBRAIRE,
RUE DU TEMPLE, N° 36, VIS-A-VIS LA RUE CHAPON.

1825.

LE MONASTÈRE

DES

FRÈRES NOIRS.

CATALOGUE

Des Romans publiés par l'Auteur du Monastère des Frères Noirs, qui se trouvent chez le même Libraire.

Clémence Isaure, 3 vol. in-12..............	publié en	1808.
Gabriel, ou le Fanatisme, 4 vol. in-12...	—	1809.
L'Ermite de la Tombe.................	—	1814.
Tête de Mort, ou la Croix du Cimetière de Saint-Adrien, 4 vol. in-12..........	—	1816.
Les Chevaliers du Temple, ou les Mystères de la Tour de Saint-Jean, 4 vol. in-12..	—	1819.
Maître Étienne, ou les Fermiers et les Châtelains, 4 vol. in-12...............	—	1819.
Jean de Procida, 4 vol. in-12............	—	1820.
La Vampire, ou la Vierge de Hongrie, 4 vol. in-12......................	—	1824.

IMPRIMERIE DE DAVID,
RUE DU FAUBOURG POISSONNIÈRE, Nº 1.

Tom. II.

Il lève son capuce et fait voir les traits de Luigi.

LE MONASTÈRE

DES

FRÈRES NOIRS,

OU

L'ÉTENDARD DE LA MORT,

PUBLIÉ

PAR LE B^ON DE LAMOTHE-LANGON.

> J'embrasse mon rival, mais c'est pour l'étouffer!
>
> RACINE.

SECONDE ÉDITION.

TOME DEUXIÈME.

PARIS.

CHEZ POLLET, LIBRAIRE,

RUE DU TEMPLE, N° 36, VIS-A-VIS LA RUE CHAPON.

L'ÉTENDARD
DE LA MORT.

CHAPITRE XIII.

Après le départ de Grimani, Lorédan se livra à de profondes réflexions sur les périls qu'ils couraient tous les deux dans ce dangereux monastère. Envain des cœurs généreux voulaient prendre leur défense; ils ne pouvaient employer que la ruse, tandis que leurs ennemis avaient la facilité de les attaquer à force ouverte. Ces considérations décidèrent Francavilla à ne point prolonger son séjour dans Santo-Genaro plus tard que la journée suivante, à moins qu'une explication franche avec le père Luciani ou l'inconnu ne lui prouvât la nécessité d'agir d'une manière différente.

Cependant l'heure s'écoulait, et Luciani ne revenait point ; son absence inquiétait Lorédan : il se voyait entouré des autres moines, dont aucun ne méritait sa confiance, et s'apercevait que tous cherchaient à lire sur ses traits ce qui se passait dans son ame, ou l'examinaient avec la plus indiscrète curiosité; et, malgré la couleur dont il avait teint sa figure, les rides dont il l'avait chargée à dessein, il redoutait qu'un œil plus exercé ne parvînt à le reconnaître; en conséquence il voulut se dérober à ces inquisiteurs d'une nouvelle espèce, et, sous prétexte de céder à la fatigue, il se retira vers le lit qu'on lui avait destiné; s'étant couché, il s'enveloppa dans ses rideaux.

Il y avait peu de temps qu'il avait pris ce parti lorsque le grand infirmier parut; il donna sans affectation diverses commissions à ses confrères, et obtint ainsi la faveur de demeurer seul un instant avec Francavilla. Dès qu'il eut acquis la certitude qu'on ne le pouvait entendre : « Marquis Lorédan, lui dit-il, on vous destine un sort cruel dans ces odieuses murailles ; elles renferment ordinairement votre plus perfide ennemi ; mais en même temps elles y voient celui qui donnerait sa vie pour préserver la vôtre ; ne me demandez pas son nom, il ne veut pas encore vous l'apprendre ; mais trouvez-vous le vingt-deux de ce mois dans la ville de Palerme à sept heures du soir, et dans la cathédrale... »

Lorédan interrompit ici le grand infirmier pour lui dire qu'une pareille injonction lui avait déjà été faite par le bon Stéphano, et qu'il avait trop d'impatience de connaître la vérité pour refuser de se trouver en un lieu où d'aussi précieux éclaircissemens lui étaient promis.

Tandis qu'il parlait, Luciani, jetant les yeux dans la salle, s'aperçut qu'Amédéo n'y était pas; il demanda avec intérêt de ses nouvelles, et apprit qu'il était descendu dans la forêt pour s'y promener.

« Voilà, dit Luciani, une circonstance bien avantageuse ; il était important de vous séparer de ce jeune homme, car on eût pu faire difficilement pour deux ce qu'on fera pour un ; et puisqu'il a quitté le monastère, je vais faire en sorte qu'il n'y rentre plus : son absence, si elle est remarquée, produira peu d'effet. Nous dirons qu'il se sera égaré, ou plutôt, qu'effrayé des bruits sinistres répandus sur cette habitation, il n'a plus osé y rentrer une fois qu'il l'a eu quittée. »

Lorédan eût pensé peut-être le contraire, mais on ne lui donna pas le temps de faire connaître son opinion : le religieux sortit avec empressement et fut écrire la lettre que nous avons vu remettre à Grimani par Jacomo; en même temps il chargea celui-ci de lui faire revêtir un costume de Frère noir, et de le conduire dans la cabane de Stéphano, où il avait le moyen de mener Lorédan par une route plus inconnue et moins dangereuse tout à la fois.

Après cette expédition faite, il revint au lieu où Lorédan continuait de se livrer à sa mélancolie, et lui demanda s'il voulait, pour se distraire, prendre l'air sur une tour voisine. Il faut observer que, durant ce temps, plusieurs moines étaient revenus, et que leur surveillance avait recommencé. Lorédan, voyant dans chaque question du grand infirmier, un motif secret de conduite, lui répéta que sa faiblesse était excessive, mais que cependant il aurait besoin d'essayer par la marche, de rendre quelque force à ses nerfs engourdis.

En l'entendant acquiescer à sa proposition, le religieux se tourna vers l'un de ses confrères, et lui demanda, comme étant le plus près de lui, s'il ne voulait pas l'accompagner dans sa petite course;

celui à qui il parlait, soigneusement enveloppé dans son capuce, comme presque tous les autres religieux, lui répondit par une profonde inclination ; et, s'approchant de Lorédan, lui offrit son bras pour lui aider à monter les escaliers de la tour.

Francavilla, soigneux de bien jouer son rôle, n'eut garde de le refuser ; il s'appuya au contraire avec pesanteur, comme quelqu'un qui pose son pied avec peine sur le plancher ; mais à peine eut-il pris le bras de ce religieux, que celui-ci le pressa contre le sien avec une force extraordinaire ; et à la douce émotion qui s'éleva dans le cœur de Lorédan, il ne douta plus que le religieux dont il recevait cette marque d'affection ne fût son ami le prince Luiggi Montaltière, et le mystérieux personnage de la veille.

Cette idée lui donna un saisissement véritable, et il se mit à trembler. *O Luiggi!* dit-il d'une voix basse, *cher Luiggi*, *est-*

ce toi! A ces mots, son conducteur le regarde fixement, lève les mains vers le ciel, et s'enfuit avec une précipitation extrême.

Luciani, distrait en ce moment, n'avait pu voir la scène qui venait de se passer; il ne se retourna qu'arraché à ses réflexions par l'exclamation de surprise de Lorédan, et par le bruit des pas du religieux qui se retirait avec vitesse; il en demeura confondu. Heureusement qu'ils avaient déjà dépassé l'infirmerie, et que nul regard ne veillait sur eux; il eut l'air, par l'expression de son visage (que seul il ne voilait pas), de demander au pélerin s'il pouvait lui expliquer le motif de cette fuite soudaine; mais le marquis se refusa à satisfaire sa curiosité, en feignant d'ignorer comme lui la cause d'une démarche bizarre.

Lorédan avait compris que Luiggi désirait garder un profond silence et se dérober aux tendresses de l'amitié; il s'en voulait de lui avoir laissé connaître qu'il le devinait ; et dorénavant, décidé à respecter des motifs dont il ne pouvait apprécier l'importance, il avait pris la résolution de paraître ne rien apercevoir ; cependant il ne se souciait plus de continuer une course dont le but était manqué, et il demanda à Luciani de rentrer, puisque son compagnon, qui paraissait avoir quelque chose à lui dire, avait changé de pensée.

Le grand infirmier y consentit facilement ; lui-même n'était pas fâché d'aller s'enquérir auprès du mystérieux moine des motifs qui avait dicté sa retraite imprévue ; il ramena donc le pélerin dans l'infirmerie, disant à haute voix à ses confrères que la faiblesse du malade ne lui avait pas permis d'aller plus loin.

Dans ce moment une grande rumeur s'éleva dans l'intérieur du monastère : on entendait courir çà et là ; on ouvrait, on fermait les portes avec violence. Lorédan, à cette rumeur soudaine, se sentit ému ; il tressaillit en regardant Luciani ; celui-ci n'était pas non plus trop à son aise lorsque leur trouble fut augmenté d'une étrange manière, par un religieux, qui, arrivant, annonça que le père abbé avait tout-à-coup interrompu son voyage vers Taormino, et qu'il rentrait à l'heure même.

A la pâleur subite que cette nouvelle répandit sur les traits de Luciani, le marquis Francavilla comprit qu'un danger véritable venait de renaître ; et son âme généreuse s'applaudit à la pensée que le jeune Amédéo était à l'abri de ce péril ; il se résigna aux malheurs qui pouvaient le frapper, et se recommanda à la Providence, dont jusqu'alors la bonté ne l'avait pas abandonné.

Le grand infirmier prenant la parole, dit à haute voix au pélerin : « Demeurez tranquille durant le reste de la journée, je chercherai à revenir vous voir ; mais en ce moment mon devoir m'appelle auprès de notre digne abbé ; je vais lui faire ma révérence et connaître la cause de ce retour qui me surprend étrangement. » Francavilla s'inclina, et d'un coup-d'œil lui fit lire toutes les inquiétudes qui prenaient naissance dans son âme.

Lorédan demeuré seul, chercha à se distraire en parcourant un énorme manuscrit qu'un moine lui offrit; il y trouva une foule d'histoires plus tragiques les unes que les autres, et peu propres à calmer son inquiétude, car elles ne lui retraçaient que de sanglantes catastrophes ou d'épouvantables apparitions. Ces récits fermentaient dans une tête superstitieuse comme celle de tous ses compatriotes, et loin de le consoler, le plongeaient dans une sourde mélancolie.

Dans le temps que, tout absorbé dans sa lecture, il paraissait ne point s'occuper de ce qui se passait autour de lui, et que d'ailleurs les rideaux du pied de son lit étant tirés, le séparaient du reste de la salle, il entendit un religieux entrer, et dire à l'un de ses compagnons :

» Je savais bien qu'il était impossible que notre abbé fût revenu sans un motif bien pressant; certes, celui qui le ramène est pour lui d'une bien haute importance. On vient de nous appendre, et il le savait déjà, que le marquis Francavilla, suivi d'un de ses parens, rôdait autour de la fôret, et que peut-être même ils n'avaient pas craint d'en dépasser l'enceinte. » Ces mots, quoique prononcés à voix basse, parvinrent à Lorédan. Le livre lui tomba des mains, et il se prépara à voir bientôt paraître les émissaires de son persécuteur. Mais, reprit le second moine, sait-on quel déguisement ils ont pris; je ne puis croire que le téméraire voulût attaquer les Frères Noirs à force ouverte.

— Non, on n'en parle pas, mais on pourra le deviner; une surveillance nouvelle va être commandée, et tout nous fait présumer qu'il sera en notre pouvoir avant la fin de la journée.

— Je le souhaite, espérant qu'alors le

père abbé se relâchera de sa sévérité extrême, et que le monastère ne sera plus inaccessible aux créatures qui autrefois nous y apportaient des distractions.

— Savez-vous la cause de la haine que le pére abbé lui porte.

— Allez le lui demander à lui même; connaissons-nous le père abbé ? n'est-il pas venu ici sous un nom qu'on nous a défendu de prononcer, et qui n'est pas le sien? car il est inconnu à tout le monde. Vous savez comme cela s'est fait, un ordre du Pape sollicité par notre défunt abbé, nous a donné d'abord celui-ci pour coadjuteur, et quand notre supérieur a été mort, six jours après, nous sommes devenus les humbles sujets de ce nouveau maître, plus despote, plus impérieux cent fois que le premier.

Cette conversation instruisait Lorédan; il eût voulu en apprendre davantage, lorsqu'un vent léger venant à lui frapper le visage, attira pour un moment son attention; il regarda autour de lui d'où pouvait provenir cet air plus frais, et aperçut que la petite porte qui était placée au chevet de son lit, s'ouvrait par un mouvement presqu'insensible. Cette découverte détourna ses tristes idées, et il ne douta point qu'un consolateur ne s'introduisît par cette entrée.

Lorsque la porte eut été un peu plus poussée, un bras passa au travers, et fit signe à Lorédan de venir à lui. Francavilla se préparait à se lever pour obéir à cette injonction, espérant que les rideaux de son lit se trouvant fermés, les religieux qui se promenaient dans la salle ne le pouvaient apercevoir. Mais à l'instant où il se glissait au bas de sa couche, on entendit un grand bruit vers l'entrée de l'infirmerie, et aussitôt on referma brusquement la petite porte.

Lorédan péniblement désappointé, se remit à sa place: toujours inquiet, et craignant quelque nouvelle mésaventure, il ne resta pas long-temps dans son indécision sur la cause de cette rumeur.

On approcha avec fracas de son lit, et les rideaux en ayant été ouverts avec violence, il vit le père prieur accompagné du grand infirmier, de plusieurs autres religieux et frères lais. Cette vue lui annonça son infortune, car la sévérité éclatait dans toutes les contenances, et même la figure de Luciani avait perdu sa bienveillance accoutumée.

—Pélerin, dit le prieur, qu'est devenu votre compagnon? pourquoi, sorti depuis le matin, n'est-il pas encore revenu dans le monastère? s'est-il séparé de vous, et a-t-il pu abandonner celui qu'il nomme son frère, au moment où il paraît souffrir?

— Je serais en peine, révérendissime père, répondit Lorédan en affectant un calme qui n'était pas dans son âme, de vous satisfaire au sujet des questions que vous me faites. Jamais l'amitié de mon frère n'a failli dans les longues traverses que nous avons eu ensemble, et je ne crois pas qu'elle me manque en ce moment. Son absence, il est vrai, se prolonge plus qu'il n'eût dû le faire; mais je ne sais pas plus que vous la raison qui le retient loin de moi; plusieurs de ces vénérables religieux sont témoins qu'il a demandé à se promener dans le cloître ou dans le jardin intérieur du monastère. Cette permission lui a été refusée peut-être un peu trop sévèrement, et alors il a désiré descendre dans la forêt : ici cessent les lumières que je pourrais vous donner. Mon frère n'est point revenu; se sera-t-il égaré, aura-t-il donné dans quelque piège tendu aux voyageurs par ces bandits qui infestent, dit-on, les alentours de Santo-Genaro? Voilà ce que je ne puis vous dire; mais qu'il ait eu peur, qu'il m'ait abandonné, je ne le crois point, et cela ne peut pas être.

Ce long discours paraissait plein de franchise, et il eût paru suffisant à des âmes ordinaires; mais les Frères Noirs étaient trop familiarisés avec les crimes et les perfidies pour ne pas soupçonner par-tout un peu de dissimulation ; aussi le prieur répliqua au pélerin en ces termes :

— Les brigands dont vous me parlez et qui n'existent peut-être que dans l'imagination de ceux qui cherchent à nous calomnier, n'auraient pas (supposé qu'ils nous environnent), attaqué un voyageur revenant de la Terre-Sainte. Ce n'est point une proie qui leur convienne, et, outre la pauvreté, compagne ordinaire des pélerins, ils auraient à redouter le pouvoir de l'église qui protège de pieux voyageurs. D'après ces considérations il me semble impossible à croire que votre frère soit tombé sous un fer ennemi ; je ne saurais non plus m'imaginer qu'une simple promenade conduise assez loin pour égarer celui qui la fait aux environs du monastère, et les deux motifs qui vous servent à colorer l'absence de votre frère, ou de celui que vous nommez ainsi, ne me paraissent pas devoir être admis. Je penserais et sans craindre de me tromper, qu'ayant satisfait ses désirs curieux, ou rempli sa mission, il est parti pour en aller profiter, et qu'il n'est sorti de Santo-Genaro, que pour se soustraire au juste châtiment mérité par une telle perfidie.

« — Eh! révérend père, répliqua Lorédan, si vous vouliez réfléchir à tout ceci, vous changeriez bientôt de langage; pourquoi voulez-vous nous traiter de perfides, nous, pauvres voyageurs qui, conduits par le hasard en ce saint monastère, y avons reçu tous les secours d'une bienveillante hospitalité; nous qui, depuis notre débarquement à Palerme, avons poursuivi notre chemin sans parler à personne; et il faudrait placer vos ennemie à Jérusalem, pour admettre la possibilité que nous pussions être leurs agens; d'ailleurs, en devez vous avoir? Est-ce dans la retraite des cloîtres qu'on excite la jalousie, la haine des hommes? L'éloignement profond dans lequel vous vivez, devrait vous garantir de la crainte de toute les passions violentes; elles ne sont le partage que des gens du monde et des méchans.

« — Pélerin, répondit le prieur, plus vous parlez, et moins vous parvenez à conserver l'incognito dont vous espériez vous envelopper; non, vous n'êtes pas sorti de la classe commune, et dès-lors nous devons avoir de jutes raisons pour nous méfier de vous; enfin nous pourrions croire ce que vous nous dites, si votre compagnon ne s'était point enfui, et si en même-temps, on n'eût pas trouvé assassiné un des soldoyers de notre couvent. »

« — En vous racontant avec simplicité notre histoire, répartit Francavilla, je n'ai pas, je pense, donné à connaître quel était le rang dont nous jouissions, une pareille modestie me semblait convenir à la piété de notre entreprise; ainsi, vous ne pouvez conclure de ce point rien qui inculpe ma véracité; et si d'autre part on a rencontré le cadavre d'un de vos hommes d'armes, ne puis-je à mon tour craindre que mon frère n'ait subi le même sort? et, du moins, vous faudra-t-il convenir avec moi que la sûreté de la forêt n'est pas aussi complète que vous avez voulu me le faire croire. »

« —Elle l'était avant que vous et votre compagnon vous y fussiez introduits; cette sûreté n'a plus existé dès que le marquis Lorédan n'a pas redouté d'en franchir l'enceinte. »

» —Vous croiriez.... s'écria involontairement Francavilla. »

« —Oui, nous croyons, interrompit avec vivacité Luciani, que votre prétendu frère n'est autre que le baron d'Altanéro; son audace, sa bravoure nous en sont de sûrs témoignages; et que vous, Amédéo Grimani, par une générosité mal entendue, vous avez consenti à rester en notre pouvoir pendant son abscence. »

Lorédan apprécia toute l'adresse d'un propos pareil, et devina clairement que le grand infirmier cherchait à faire prendre le change sur son compte, et il crut abonder dans són sens en continuant à vouloir soutenir de son mieux le rôle qu'il avait joué jusqu'à cette heure.

« — J'avoue, dit-il, révérendissime père, mon éminente surprise d'une pareille accusation, quoi! de Paolo Gonsani vous voulez faire un signor Amédéo Grimani, et de mon frère Marcillio, l'illustre marquis et baron de Francavilla? assurément je n'eusse jamais imaginé une chose pareille, surtout lorsqu'une semblable idée ne repose, selon toute apparence, que sur une conjecture; il est d'ailleurs, ce me semble, facile de s'assurer de la vérité.»

«—Nous l'aurons bientôt tout entière, répondit le prieur; avant peu vous paraîtrez devant notre abbé; il connaît ceux dont la conduite a mérité sa haine, et en vous voyant, il vous rendra d'un seul regard le nom que vous devez porter.»

«—*Il n'osera jamais le faire!* s'écria

une voix qui partit d'une assez grande distance, mais qui n'en porta pas moins de surprise dans l'âme de tous ceux qui l'entendirent. »

En même temps la conférence fut rompue, le prieur, évidemment inquiet, donna l'ordre de courir s'emparer du téméraire qui se permettait de troubler ainsi, par d'insolentes accusations, la paix du monastère. On obéit à ses ordres, on parcourut tous les lieux environnans, mais on ne découvrit point le personnage qui avait élevé la voix.

Plus les recherches s'annonçaient pour être vaines, plus la confusion du prieur augmentait; vainement paraissait-il vouloir prendre une contenance assurée, ses efforts étaient inutiles, il ne faisait plus que balbutier, et Lorédan, lui-même, malgré son juste mépris pour un prêtre coupable, avait pour lui quelque pitié.

Voyant enfin qu'on ne pouvait rien découvrir, le père prieur déclara à Francavilla qu'il discontinuait son interrogatoire. « Plus tard, dit-il, on le poursuivra, et jusqu'à ce moment, vous ne sortirez point de l'infirmerie. »

« — Ainsi, dit Lorédan, on attente à ma liberté ! »

« — On en a le pouvoir, pélerin obstiné, répliqua le religieux ; dès-lors soumettez-vous, et apprenez à vous taire. » Ces paroles menaçantes eussent ému davantage Lorédan, si un regard rapide de Luciani ne l'eut rassuré, en lui donnant l'assurance qu'on ne l'abandonnerait pas à la noire méchanceté de ses ennemis.

Francavilla avait crut reconnaître la voix qui avait retenti ; c'était la même dont déjà, par deux fois, les accens avaient frappé son oreille et son cœur, et l'une et l'autre voulaient les attribuer à Luiggi, prince Montaltière ; et sur ce point il ne croyait pas se tromper. Il admirait le courage de cet ami rare, et brûlait plus que jamais du désir de le presser dans ses bras ; agité par cette pensée, il se promenait silencieusement dans la salle de l'infirmerie, où, depuis qu'elle était devenue sa prison, on l'avait laissé seul; de temps en temps il jetait un regard curieux sur la petite porte placée auprès de son lit, fermement convaincu que sa délivrance lui viendrait de ce côté.

CHAPITRE XIV.

Cependant les heures s'écoulaient; déjà la marche rapide du soleil annonçait qu'il descendait vers l'océan, et nul sauveur ne s'était montré encore. Deux frères lais entrèrent, apportant les alimens nécessaires à un repas; Lorédan les mangea devant eux, et ils se retirèrent sans avoir proféré une parole.

Le jour continuait à baisser, quand la petite porte, venant à s'ouvrir, prouva à

Lorédan qu'il ne s'était pas trompé dans ses conjectures; elle donna passage à son protecteur mystérieux qui, s'élançant légèrement dans la salle, fit un signe impérieux à Lorédan de venir à lui, et Francavilla n'avait garde de s'y refuser. Par un mouvement involontaire il voulut embrasser l'inconnu, mais lui, s'y refusant toujours, lui fit entendre que le silence était la chose la plus nécessaire dans la circonstance; et, prenant la route de la chambre dans laquelle conduisait la porte dont nous avons parlé, il sembla l'inviter à le suivre.

Dans cette pièce, au milieu du plancher, une plaque de marbre blanc avait été soulevée, elle donnait passage aux dernières marches d'un petit escalier, le religieux y fit descendre Lorédan, puis, s'y élançant après lui, il retira doucement la plaque de marbre, et l'assujétit solidement en faisant jouer un ressort.

Ce soin pris, les deux voyageurs descendirent en silence tout l'escalier, et parvinrent dans une salle carrée où nulle issue ne se faisait apercevoir. Le conducteur de Lorédan en trouva néanmoins une qu'on n'aurait pas devinée, et ils passèrent dans un long corridor. Ici, le religieux s'approchant d'une lampe qui était déjà allumée, donna un écrit à Francavilla, lui fit signe de le lire, et puis s'éloigna rapidement.

Lorédan intrigué de cette retraite subite; se hâta de porter ses yeux sur le papier qu'on lui avait remis; il y vit une instruction simple et claire, lui désignant ce qu'il devait faire pour parvenir à s'échapper du monastère dès que la nuit serait devenue plus profonde. La première chose qu'on lui recommandait était de revêtir le costume des Frères Noirs, et on lui indiquait une chambre voisine comme devant renfermer cet équipage. Il jeta son regard autour de lui, et voyant une porte tout proche, il l'ouvrit avec précaution; la première chose qui s'offrit à lui, ce fut un vêtement complet de l'ordre; il se hâta de s'en emparer, et faisant comme Amédéo, il le passa par dessus ses habits ordinaires.

Ce soin terminé, et plus tranquille, puisqu'il était plus difficile à reconnaître dans le cas où l'on se fût aperçu de son évasion, il se flatta d'échapper à toutes les recherches à la faveur de ce déguisement et du mot de passe qu'il connaissait pareillement; à moins que ne s'en fiant pas à l'apparence, ses ennemis n'en vinssent à l'inspection des figures.

L'indication qu'on lui avait donnée lui enjoignait de sortir du lieu où il avait trouvé son costume et d'aller attendre la nuit close prosterné dans une des stalles de l'église où il aurait l'air d'effectuer une pénitence donnée par son directeur : on lui décrivait les endroits par où il fallait passer, et sans retard il commença sa marche. Plusieurs salles et corridors qu'il traversa, le conduisirent en un cloître dont l'étonnante décoraion le jeta dans une surprise sans pareille, qui n'était pas non plus sans quelque mélange de terreur.

Une colonade de marbre noir soutenait des arcades de même matière, s'ouvrant toutes sur un petit jardin arrosé par plusieurs jets d'eau, jaillissant de vastes coupes de porphyre et de granit; des arbustes sans nombre, des fleurs suaves l'embellissaient, et ce côté du cloître présentait le spectacle le plus riant offert par la nature; mais que de ce contraste avec les élémens qui formaient la décoration intérieure du péristile, naissait un profond dégoût! De distance en distance, s'ouvraient des voûtes assez étendues et ornées de la façon la plus étrange. Dans chaque espèce de cellule on avait figuré une grotte fermée avec des ossemens humains artistement arrangés. Les intervalles entre chaque grotte étaient remplis par une niche creusée dans une muraille de marbre noir dans laquelle on trouvait le squelette d'un frère noir, tantôt debout, tantôt couché ou à genoux. Chacun enfin dans une posture variée; les cadavres entièrement desséchés, mais sans avoir perdu leurs peaux, étaient revêtus des costumes lugubres qu'ils avaient portés durant leur vie : presque tous conservaient encore une longue barbe et des cheveux hideusement mêlés.

L'espace étroit qui se trouvait entre les espèces de momies, étaient occupées par sept fosses qui ne s'élevaient pas en monticules comme dans les cimetières, mais qui formaient des plates bandes ou des compartimens semblables à ceux qui ornent les jardins. C'était dans ces fosses qu'on déposait les cadavres pour les faire dessécher jusqu'au moment où on les en retirait pour les placer dans les niches et pour faire place à d'autres. Sur chaque fosse était une croix noire toute simple.

Le plafond du cloître était décoré

d'arabesques et d'autres ornemens faits avec des os et choisis parmi les plus médiocres. On voyait aussi une grande croix formée entièrement des mêmes matières ainsi que plusieurs lustres attachés à la voûte et des espèces de flambeaux appliqués contre le mur, tous garnis de cierges allumés.

Lorédan, dans sa profonde émotion, remarqua que chaque grotte avait son architecture particulière; l'une était construite avec des crânes, d'autres avec les os des jambes, les côtes, les bras, etc. Enfin chaque momie portait dans sa main une bougie pareillement allumée.

Cette épouvantable et bisarre décoration, le calme profond qui régnait dans ce lieu, interrompu seulement par le murmure des eaux saillissantes, la vue de ces fantômes décharnés, les derniers rayons du jour qui brillaient encore, tout commandait une admiration mêlée de frayeur, et Lorédan avait peine à marcher dans ce cloître où la mort régnait en souveraine. Cependant en y réfléchissant, il songea que ce devait être le lieu de la sépulture des Frères Noirs, et cette explication lui rendit moins pénible le passage de ces voûtes aussi étrangement ornées.

La nouveauté du spectacle retarda la marche de Lorédan ; il examinait avec une avide curiosité les merveilles de cette enceinte, lorsqu'il fut tiré de son attention par un bruit léger de pas qui se faisait à quelque distance. Craignant d'être surpris dans une attitude d'admiration qui ne devait pas être celle d'un habitant ordinaire du couvent de Santo Génaro, il se hâta de poursuivre sa route en essayant d'examiner qui était l'individu dont la course précédait la sienne.

C'était un Frère Noir, qui par négligence sans doute avait abaissé son capuce; il était d'une taille pareille à celle du protecteur de Francavilla. Mais comme il tournait le dos à notre aventurier, celui-ci ne pouvait voir encore si sa figure lui offrirait les traits de Luiggi, il demanda au ciel, par une courte et fervente prière, qu'il lui permît de sortir à cet égard de l'incertitude dans laquelle il se trouvait. Un mouvement du religieux lui annonça que le tout-puissant l'exauçait; car le Frère Noir montant deux marches adossées à la muraille, ouvrit une porte, et à l'instant où il allait la franchir, il tourna sa tête vers Lorédan; et comme l'illumination avait remplacé les feux du jour, Lorédan put tout à son aise reconnaitre le noble visage de Montaltière.... C'était Luiggi...

Avec quelle joie Francavilla obtint cette certitude! comme son cœur fut violemment ému en acquérant la preuve que ce parfait ami veillait sur lui avec la plus tendre sollicitude. Il voulut courir vers lui, emporté par son premier mouvement; mais Luiggi avait déjà fermé la porte, sans s'apercevoir sans doute que le religieux errant dans le cloître était celui dont il voulait sauver les jours.

Lorédan, chagrin de n'avoir pu dans ce moment exprimer à cet excellent ami toute sa gratitude, voulut au moins obéir à tout ce qu'il lui demandait dans son écrit; il chercha l'entrée particulière de l'église qui devait être non loin de là; et l'ayant rencontrée, il entra dans ce saint bâtiment.

La nuit, comme nous l'avons dit, régnait alors, et peu de lampes éclairaient ce vaste édifice. Lorédan se plaça à genoux auprès du pilier qu'on lui avait indiqué; et là, il attendit avec assez d'assurance le moment où on viendrait le chercher. En attendant, ses ferventes prières s'élevèrent vers le trône de celui qui n'a jamais eu de commencement; il l'implora en faveur de la justice de sa cause; et peut-être dans ses supplications oublia-t-il les règles de la prudence, et se permit-il quelques paroles indiscrètes qui eussent pu lui porter préjudice si par hasard elles avaient été entendues.

Ce qui intriguait le plus Loredan était la connaissance qu'on avait déjà dans le monastère de sa sortie d'Altanéro avec un compagnon ; il ne pouvait concevoir comment on avait deviné, dans le monastère des Frères noirs, que sa course s'était plutôt dirigée vers la forêt sombre que de tout autre côté ; il ignorait que le marquis Mazini, alarmé dès la veille, de sa disparition et de celle de Grimani, s'était empressé de le faire chercher avec un grand appareil, et, par cet éclat avait mis le public dans le secret de l'entreprise de ses neveux.

Lorédan, dans cette circonstance, avait eu un tort réel, celui de ne point prévenir par un écrit son vieil oncle pour l'engager à demeurer tranquille, au moins durant un peu de temps ; mais le marquis n'y songea nullement ; il croyait, dans sa première idée, que toute sa course se bornerait à parcourir la forêt durant la journée, et que vers le soir ils reprendraient la route d'Altanéro, ne se doutant pas que mille événemens pouvaient déranger ce projet, et les mener plus loin qu'ils ne le voudraient peut-être.

Tandis qu'il rêvait à toutes ces choses, le temps s'écoulait; la cloche du monastère commença à sonner l'office du soir, et Francavilla, surpris de ne pas voir paraître son conducteur, ne savait quelle contenance tenir, et comment il devait sortir de cette église, où déjà les religieux se rendaient en foule comme leur devoir l'ordonnait. Dans cette conjoncture, sa position devenait embarrassante, lorsqu'un individu, revêtu du costume des Frères noirs parut venir à lui comme par hasard, et se penchant vers son oreille, car il était toujours prosterné, lui dit avec une voix dont il ne reconnut pas les accens: « Allez prendre place à la cinquième stalle à gauche»; puis il s'éloigna et fut se perdre parmi ses confrères.

Lorédan charmé de recevoir un message de son protecteur, vit bien que celui-ci voulait avant de le sauver, essayer encore de lui faire reconnaître son ennemi; la place qu'on lui indiquait était absolument en face de celle de l'abbé, et il espera cette fois être plus heureux que la nuit précédente; il courut donc à la stalle qu'on lui avait assignée, et là, s'asseyant parmi les religieux, il applaudit pour la première fois à leur costume sévère qui, dans le moment, faisait toute sa sûreté.

Durant toute la durée de l'office, Loredan feignit de ne pouvoir chanter, afin que sa voix étrangère ne fut pas reconnue de ses deux voisins; il toussa sourdement et parut souffrir beaucoup. Cependant ses yeux étaient fixés constamment sur le père abbé qui, vêtu selon la coutume, était venu s'asseoir sur son trône; il cherchait à bien saisir sa tournure, à remarquer ses gestes; et plus il l'examinait, plus il acquérait la certitude de l'avoir vu ailleurs.

Tout à coup les yeux de Lorédan aperçurent au-dessus du siége de l'abbé, une main, sortant de derrière une draperie posée sur une tribune supérieure, qui déroula avec lenteur un étendard; et quel ne fut pas l'effroi de Francavilla, lorsqu'à la couleur sanglante de ce drapeau, aux cinq têtes funèbres qui le chargeaient, il reconnut l'étendard de la Mort qui devait, au dire de ses ennemis, lui annoncer toujours une sinistre catastrophe, en même temps une voix tonnante, élevant ses accens féroces, fit entendre à ses oreilles ces paroles sinistres : *A toi ! marquis Francavilla* ! *à toi !* Au même instant et pour achever d'anéantir l'âme de Lorédan, l'abbé, soulevant son capuce, lui offrit les traits du plus cher de ses amis, du baron Ferdinand Valvano, que, dans son cœur, il avait jusqu'alors préféré au généreux Luiggi...

Cette découverte était trop pénible pour que Lorédan la pût supporter sans désespoir; ses yeux se fermèrent, ses genoux fléchirent, et poussant un profond soupir, il tomba évanoui sur son siége.

Il se passa un peu de temps avant qu'il pût reprendre ses forces en retrouvant ses sens; et alors il vit que l'office était terminée, et que les moines défilaient processionnellement devant le père abbé, dont la figure était de nouveau cachée; malgré sa douleur sans pareille, le marquis comprit qu'il devait suivre ses prétendus collégues, et il se mit à son rang; mais en passant auprès du grand pupitre, un embarras de chaises ne lui permit pas de demeurer à sa place, il fut jeté sur le côté, et quand il entra dans la procession, il n'y occupait plus que la huitième place au lieu de la cinquième qu'il avait eue auparavant.

C'était machinalement qu'il marchait; son âme, accablée au souvenir de son ennemi, lui donnait à peine le courage nécessaire pour songer à sa sûreté ; il comparait avec amertume la conduite de Luiggi à celle de Ferdinand ; et s'il n'était pas surpris des marques d'amitié que lui prodiguait le premier, du moins était-il profondément étonné de la conduite de l'autre frère. Ces pensées le conduisirent jusqu'à l'entrée de l'église ; déjà la tête de la procession en était sortie, quand plusieurs soldoyers qui l'attendaient dans le vestibule, s'avancèrent, et comptant les religieux, saisirent brusquement celui qui marchait le cinquième, et l'emmenèrent avec eux sans lui laisser le temps de faire un geste ou de pousser un cri pour sa défense.

A la vue de cette violente action, Francavilla par un instinct naturel, ne douta pas qu'elle ne fût destinée contre lui, et qu'il ne dût sa délivrance momentanée au hasard qui avait interverti les rangs ; il en remercia la Providence ; cependant il lui paraissait important de se soustraire à de nouvelles recherches ;

il ne doutait pas que l'erreur ne fût bientôt reconnue, et qu'on n'essayât de s'emparer de sa personne; d'ailleurs il avait le plus grand besoin de retrouver son cher Luiggi; et troublé de ne pas l'avoir vu au lieu où il lui avait dit de l'attendre, il ne savait plus en quel endroit il pourrait le rencontrer.

Cependant l'enlevement du religieux avait troublé ses collègues; soit par crainte ou par curiosité, la course processionnelle avait été interrompue, et chacun s'était empressé de se porter d'un côté ou d'un autre; Lorédan profita de cette confusion, et rentra précipitamment dans l'église, alors absolument solitaire; et ses pas le ramenèrent à la place où Luiggi lui avait dit de l'attendre: il n'y demeura pas longtemps.

Le bruit de la cloche d'alarme se fit entendre de toute part; un grand bruit s'éleva dans le monastère; on courait, on s'agitait, et notre héros comprit sans peine que le religieux arrêté pour lui s'étant fait connaître, c'était à lui qu'on en voulait ; ne voyant autour de lui nul lieu qui pût lui servir de retraite, il quitta rapidement l'église et descendit, par un bas côté, dans le cloître funèbre qu'il avait traversé déjà, espérant retrouver la porte par laquelle il y était entré, et peut-être les passages secrets parcourus avec son conducteur, où il pourrait trouver un asile.

Son espoir fut déçu, la porte était solidement fermée; nulle autre ne s'ouvrait à l'entour ; que fallait-il faire ? le danger devenait imminent; déjà les ennemis de Francavilla s'avançaient. Lui, jetant autour ses regards inquiets, cherchait, à la lugubre illumination que nous avons décrite, un lieu sûr qui pût momentanément le soustraire aux poursuites dont il était l'objet.

Tout à coup en examinant les cadavres desséchés des Frères noirs placés chacun dans une niche, il en découvre une où l'on n'avait pas encore placé de momie, une pensée le frappe, et il se flatte de s'y cacher mieux que partout ailleurs ; il arrache un cierge à un lustre voisin, saute légèremen dans la niche, et, prenant une attitude commode, devient immobile comme ses silencieux voisins, décidé à ne point sortir de ce lieu que les Frères noirs ne se soient éloignés.

Il avait bien fait de prendre ce parti ; car presqu'en même temps une foule nombreuse de soldoyers déboucha de toutes parts dans le cloître, ayant à leur tête plusieurs religieux, parmi lesquels Lorédan crut reconnaître le père prieur et le grand infirmier Luciani ; chacun se confondait en exclamations sur l'adresse mise par le marquis à se soustraire à toutes les recherches : on furetait partout, on ouvrait toutes les portes, on pénétrait dans tous les passages, sans pouvoir parvenir à un résultat satisfaisant ; cent fois on passa devant lui, et nul ne songea qu'il fût si proche. Luciani se distinguait par la vivacité de ses poursuites ; il déplorait à haute voix sa crédulité qui lui avait permis de voir un simple pélerin dans le marquis Francavilla ; et plus que tout autre il se montrait impatient de le rencontrer.

Lorédan devina facilement que, dans cette circonstance, le bon religieux déguisait ses véritables sentimens ; il ne douta pas que sa colère ne fût feinte et dans l'intention de faire croire aux moines noirs que lui, Luciani, n'était pas d'intelligence avec le baron d'Altanéro ; aussi celui-ci eut beaucoup voulu pouvoir parvenir à se faire connaître par ce digne ecclésiastique.

Moins les recherches étaient fructueuses, plus on les continuait avec opiniâtreté ; il n'était cependant aucun coin du jardin ou du cloître qu'on n'eût soigneusement visité. Il fut donc déclaré que Lorédan ne pouvait pas être en ce lieu, et l'on partit pour aller ailleurs continuer les poursuites.

En voyant s'éloigner ses indignes persécuteurs, Lorédan se crut désormais à l'abri de tout péril, et il continua à demeurer immobile tant qu'il put entendre le bruit de leurs pas; les sachant enfin éloignés, son impatience le décida à descendre de son pied d'estal pour essayer de retourner dans l'église qui, ayant été déjà visitée lui paraissait devoir être désormais tranquille, et le seul endroit où Luiggi, son protecteur, pourrait venir le trouver.

Mais la destinée n'était point lasse de le persécuter; et à l'instant où il s'élançait de son estrade, une porte voisine s'ouvrit, et plusieurs Frères noirs parurent..... On se peindrait difficilement la terreur dont ils furent saisis à la vue de ce qu'ils prenaient pour le cadavre d'un de leurs confrères; ils se mirent à pousser des cris aigus, et s'enfuirent précipitamment, soit par la porte d'où i s sortaient, soit par les portiques du cloître. Lorédan, aussi surpris qu'eux, désespéré de son étourderie, essaya néanmoins d'en tirer le seul parti qu'il pouvait en espérer, celui de gagner en sûreté l'entrée de l'église ; aussi, d'un pas grave et toujours son flambeau dans la main, se dirigea-t-il de ce côté.

Mais les exclamations des religieux avaient retenti dans le monastère ; déjà de toutes parts accouraient une multitude de soldoyers, qui, ignorant les motifs d'une terreur que dans ce cas ils auraient partagée, ne craignirent pas de venir à Lorédan, qui, de son côté, croyant être reconnu, jeta promptement son cierge, et, prenant son épée, essaya de se défendre.

Cette résolution courageuse le fit unanimement reconnaître, et son nom retentit aussitôt. Plusieurs soldoyers s'avancèrent vers lui, et Lorédan combattit vaillamment contre les premiers ; déjà il en avait mis plusieurs hors de combat, lorsqu'une nouvelle troupe, venant par derrière, parut vouloir l'envelopper; il le vit et chercha à se reculer pour aller s'adosser contre la muraille; mais cette résolution lui devint funeste : il rencontra sous ses pas une tombe non encore occupée, et par conséquent ouverte; il ne la vit pas et trébucha dedans; on se précipita sur lui soudain. Un misérable bandit allait brutalement l'égorger, quand un Frère Noir, poussant un cri terrible, s'élance, détourne le fer meurtrier en plongeant en même temps un poignard dans le sein de ce dernier.

On s'écrie, on veut en prendre vengeance; mais Luciani s'est avancé : « Au nom du père abbé, s'écrie-t-il, que nul ne touche le baron d'Altanéro; on veut l'interroger avant d'ordonner sa perte; et quant à ce religieux qui vient de frapper un soldoyer, ce sera également notre supérieur qui décidera s'il est coupable. »

Ainsi parle le grand infirmier; il commande; malgré les murmures, il fait emmener le Frère Noir que Lorédan reconnaît pour son mystérieux protecteur, en recommandant de veiller sur ses jours ; car, dit-il encore, une damnation éternelle pèserait sur celui qui oserait immoler un prêtre ; et puis il donne l'ordre de garrotter étroitement Lorédan et de le conduire dans une salle voisine.

Ces soins pris, il s'éloigne à son tour, et s'en va sans doute rendre comte de ce qu'il vient de faire ; et Francavilla demeura seul, abîmé dans une foule de réflexions, toutes plus pénibles les unes que les autres, dont la plus douloureuse peut-être est la pensée d'avoir été sur le point de périr par la main de Ferdinand, et de ne pouvoir montrer à Luiggi sa reconnaissance pour le service éminent qu'il lui avait rendu. On décrirait avec peine les diverses émotions de son cœur, qui pouvait s'ouvrir aux plus nobles sentimens, alors qu'il refusait une place à la haine.

On le laissa tout seul durant environ

une heure; au bout de ce temps, les portes de sa prison vinrent à s'ouvrir, et le père prieur entra, à la tête de quatre brigands. « Marquis Lorédan, lui dit-il, nous avons enfin appris à vous connaître : votre imprudence a égalé votre audace; avez-vous pu venir avec confiance vous livrer à notre pouvoir; ne deviez-vous pas redouter une reconnaissance inévitable; vous nous avez bravés; eh! bien, venez en recevoir la récompense. » Il dit et commande à ses satellites d'entraîner le baron d'Altanéro.

Vainement Lorédan essaie de se défendre; ses ennemis profitent des chaînes qui le lient, et le courage généreux est contraint à obéir à d'odieux persécuteurs; on lui fait parcourir plusieurs longues voûtes; enfin on arrive à une chambre enfoncée en terre de plusieurs pieds; là on lui attache des cordes autour des reins; et, après avoir soulevé une des dalles qui formaient le carrelage, on découvre l'ouverture d'un cachot plus profond encore, dans lequel on se prépare à descendre Lorédan.

Ce héros connut bien que ce lieu devait être sa dernière demeure; il ne put plus en douter lorsque le prieur inhumain lui dit : « Vous ne sortirez pas de cette prison souterraine; là votre vie s'écoulera promptement; car vous, l'ennemi de notre abbé, vous ne recevrez aucune nourriture. » Il dit, donne le signal; ses satellites précipitent Lorédan à travers l'ouverture, au moyen des cordes dont ils l'ont garrotté; et, à l'instant où ils vont reposer la pierre qui l'ensevelit sans retour, un d'entre eux prononce les mots épouvantables : *A toi, marquis Francavilla, à toi!* tandis que les regards de Lorédan contemplent avec douleur et épouvante, à la lueur d'une lampe allumée à l'avance, l'Étendart de la Mort, qu'on avait suspendu à la muraille, comme pour être le témoin de ses derniers momens.

CHAPITRE XV.

Un silence profond succéda au bruit occasioné par les imprécations des brigands, et leur victime se trouva isolée. Hélas! en cet instant terrible, Lorédan s'affligeait moins pour lui que pour son généreux Luiggi; il ne doutait pas qu'il ne fût également tombé au pouvoir de son barbare frère, et que peut-être un sort aussi affreux lui était préparé; mais en même temps il ne pouvait concevoir d'où provenait la rage de Ferdinand; quelle cause avait pu changer cette belle âme en lui prêtant toutes les fureurs de l'enfer; et pour trouver un motif quelconque, il lui fallut supposer que son ami avait été jaloux de l'attachement du roi de Sicile, qui, d'abord incertain et égal entre Francavilla et Valvano, s'était enfin prononcé plus particulièrement pour le premier.

Cette raison néanmoins était-elle suffisante pour l'emporter sur vingt-cinq ans d'une amitié à toute épreuve. Lorédan ne pouvait le croire, et il se perdait dans une mer d'incertitudes. Longtemps, il demeura immobile assis sur une pierre placée au milieu de son cachot, pouvant se remuer à peine; car ses bras étaient encore étroitement liés. Peu à peu pourtant il donna un autre cours à ses idées; il les ramena sur sa position présente et sur le peu de possibilité qu'il pouvait concevoir d'en sortir.

Tout était morne autour de lui : le cachot qui le renfermait paraissait immense, la voûte était très-élevée, et reposait sur d'énormes piliers. Une seule lampe éclairait cette étendue de sa pâle et vacillante lumière; elle augmentait l'horreur des ténèbres : elle n'avait pas assez de force pour les dissiper. De temps en temps, elle jetait une flamme brillante, puis, tout-à-coup elle semblait disparaître; et, à cette action, Francavilla fut convaincu qu'elle ne tarderait pas à s'éteindre, il ne se trompait pas. Bientôt les alimens lui manquèrent et sa dernière lueur disparue laissa notre héros dans l'ombre de son sépulcre : on ne pouvait donner d'autre nom à cette prison isolée.

En perdant la faible lumière qui l'éclairait, Lorédan acheva de perdre toute espérance; il crut déjà sentir les angoisses de la faim dévorante qu'il ne tarderait pas à éprouver ; il apprécia toute l'horreur d'un pareil supplice, et par un mouvement involontaire, il essaya de quitter son siége pour terminer lui-même ses jours en se fracassant la tête contre une colonne voisine; mais il avait trop présumé de ses forces; il ne put faire un pas, et il retomba sur la pierre.

En même temps, le feu de son imagination le conduisit en esprit dans les salles du palais des ducs de Ferrandino à Palerme ; il contemplait les préparatifs brillans de ses noces avec la belle Ambrosia; il voyait cette adorable personne s'asseoir en souriant avec lui, autour d'une table chargée de mets délicieux, flattant également la vue, le goût et l'odorat. Une foule nombreuse animée par la joie les accompagnait en donnant tous les signes de l'allégresse; les vins circulaient dans de riches coupes; chaque convive buvait des flots d'un nectar parfait ; et Lorédan bientôt n'aurait pas une goutte d'eau pour étancher sa soif brûlante ; elle l'assiégeait déjà ; elle lui faisait sentir les premières angoisses auxquelles il devait être livré.

Hélas ! l'infortuné, il ne devait pas revoir sa noble amante; ses noces ne devaient pas faire éclater sa magnificence ; il ne savait pas encore si son cadavre aurait un tombeau. Cette pensée le fit frémir ; il se souleva encore, dans un moment d'indignation ; son cœur se révolta, et il osa insulter la providence en lui reprochant l'horreur de sa situation; mais son cœur héroïque ne conserva pas long-temps ce levain de rage; il se le reprocha vivement, et plus son destin paraissait épouvantable, plus il crut devoir s'y montrer supérieur. Il s'humilia donc devant la main puissante qui le frappait, la conjurant de sauver au moins son ame dans l'autre vie, si elle avait résolu d'abandonner son corps en celle-ci.

Cette résignation à la volonté éternelle parut le calmer un instant. Il se remit sur son siége; et posant sa tête sur sa main, il chercha à éloigner tout ce qui eût pu le ramener vers le désespoir; et plus que jamais il se félicita d'avoir vu Amédéo s'échapper à une destinée aussi rigoureuse. Mais les heures s'écoulaient, sa position ne changeait pas, et la peine réelle commençait véritablement à lui faire sentir ses tortures.

Son œil errait languissamment sans apercevoir aucun objet, et le froid et le silence de ces voûtes ignorées, augmentaient l'horreur des ténèbres et de la mort cruelle qui lui était destinée.

Ce fut néanmoins à l'heure où toute consolation lui était sans retour enlevée que cette providence contre laquelle il avait murmuré lui montra qu'elle veillait attentivement sur lui. Qui pourrait exprimer tout ce que dut éprouver Lorédan lorsque tout à coup son œil fut frappé par une clarté subite qui illumina son cachot? il poussa un cri de joie, éleva ses mains vers le ciel, et son sang refluant avec violence colora son front et ses joues pâlies; mais combien plus encore sa satisfaction fut augmentée en reconnaissant le grand infirmier Luciani qui s'introduisait dans la prison par une entrée cachée derrière une énorme pierre qui se mouvait facilement.

« Enfin, s'écria ce digne ami, enfin je vous trouve, noble signor, je viens de parcourir toutes les voûtes ou notre indigne abbé renferme ceux qu'il veut punir; et mon effroi était extrême de ne vous rencontrer nulle part; j'avoue que je n'avais pas imaginé qu'on vous eût précipité dans le lieu où l'on ne jette que les misérables condamnés à une mort affreuse; et grâce à Dieu, j'y ai songé; venez que je vous en arrache, et que par une route inconnue à vos persécuteurs, je vous rende au jour et à vous-mêmes. »

Après avoir ainsi parlé, Luciani se hâta de briser les cordes qui liaient Lorédan, et tandis qu'il prenait ce soin, le prisonnier lui témoignait sa reconnaissance, et lui demandait ce qu'était devenu son mystérieux protecteur, qu'il ne lui nomma pas, retenu par un reste de prudence; comme il ne put se décider non plus à lui apprendre qu'il connaissait le nom du perfide abbé.

« Soyez sans inquiétude sur son compte, répliqua le grand infirmier, les nœuds qui l'unissent à notre supérieur doivent être sa perpétuelle sauve-garde. Il lui a suffi de se faire voir, pour être remis sur le champ en liberté; mais en même temps trop observé, il ne peut plus agir lui-même en votre faveur, et j'ai pris ce soin; il s'accuse de tous vos derniers malheurs, les attribuant au retard involontaire qu'il a mis à venir vous rejoindre dans l'église, et il ne sera content qu'après avoir acquis la certitude de votre sortie de ce monastère. Ce n'est pas tout encore, il veut vous prier de lui rendre le plus important service, celui d'enmener avec vous une personne à laquelle il attache son bonheur, et qu'il vous recommande de prendre sous votre protection désormais. »

« Ah! s'écria Lorédan, il peut être certain de ma tendre amitié; le terme de ma vie pourra seul mettre des bornes à l'étendue de mon dévouement; et certes je périrais avant d'exposer le destin de la personne dont il me confiera la garde; mais où est-elle? en quel lieu dois-je l'aller chercher?

« Si vous le voulez, je vais vous y conduire, reprit Luciani; auparavant reprenez le glaive qu'on vous a ravi, il pourra peut-être vous servir encore; buvez cette liqueur dont les qualités vous donneront les forces nécessaires pour continuer votre course aventureuse, et quittons ensuite le cachot où vous ne devez plus revenir. »

Après avoir fait ce que Luciani lui indiquait, Lorédan sortit avec ce bon religieux qui referma soigneusement la porte secrète, et ils se trouvèrent dans une longue allée creusée par la main des hommes, et qui des deux côtés paraissait se prolonger dans les entrailles de la terre. Luciani guidait la route; ils cheminèrent pendant une demi-heure environ, et durant ce temps, le grand infirmier mit Lorédan au fait de ce qu'il avait à faire dans l'entreprise qu'ils allaient tenter.

Enfin après une longue course, ils parvinrent aux extrémités du souterrain et un large escalier de pierre se présenta devant eux; ils le montèrent rapidement; et ayant trouvé une porte de fer, ils heurtèrent sept fois à l'énorme marteau qui y était attaché. En même temps Luciani fut vers un pilier voisin agiter un anneau qui par une chaîne ébranlait une cloche intérieure. Ce double signal fut entendu et la porte ne tarda pas à être ouverte.

Deux brigands armés de toutes pièces, ayant un cimeterre au poing, se présentèrent. En les voyant, Lorédan s'écria: « *A toi marquis Francavilla, à toi.* » Les brigands lui répliquèrent: «*Vengeance et secret.* » Et alors abaissant leurs instrumens de défense, ils introduisirent les deux aventuriers dans une chambre où Luciani demeura. Son compagnon tira de son sein une bague que le religieux lui avait donnée à l'avance, et il la présenta à l'un des bandits; celui-ci s'approchant de la lumière, l'examina de tous les côtés, la rapprocha d'une pareille qu'il avait au doigt, et s'étant convaincu de sa parfaite ressemblance, dit: « *Le père abbé sera obéi.* »

En prononçant ces paroles, il s'éloigna, faisant signe à Francavilla de le suivre; tous les deux montèrent encore un autre escalier, et enfin parvinrent dans une autre pièce. Là, le bandit engagea Lorédan à patienter; il prit la seule lampe qui les éclairait, et sortit, le laissant dans une obscurité profonde; ceci ne lui plut guère, et il craignit quelque nouvelle mésaventure. Cependant il lui paraissait impossible qu'on fût en défiance en un lieu où sans doute ne pouvait encore être parvenu le bruit des évènemens qui venaient de se passer dans le couvent des frères noirs, et il chercha à se tranquilliser.

Quelques minutes s'écoulèrent; enfin un bruit de pas lui annonça le retour du geolier; il était suivi d'une jeune personne qui pouvait à peine être dans sa vingtième année, et dont une parure brillante et singulière rehaussait l'incomparable beauté. Pour un moment il crut avoir vu la plus belle femme de toute la Sicile; et à peine s'avoua-t-il que son Ambrosia lui pouvait être comparée. Tant de charmes pourtant étaient gâtés par l'expression de la mélancolie et de la souffrance; ses beaux yeux paraissaient ternes, et un plus ample examen prouva à Lorédan qu'il s'était trompé dans sa pensée, que cette belle personne pouvait être la villageoise qu'on avait enlevée presque sous ses yeux.

« Voyez-vous, signora, dit le geolier en adressant la parole à l'inconnue, si j'ai voulu vous tromper, ne reconnaissez vous pas en ce religieux un frère noir, et vous savez en quel lieu il doit vous conduire; ne craignez donc plus les insultes de mon camarade; s'il vous a offensé, le pauvre garçon est excusable, car il avait bu alors un peu plus de lacrima qu'il n'eût fallu, et maintenant que sa tête est libre, il vous attend pour vous faire la demande d'un généreux pardon. »

La dame ne jugea pas convenable de répondre à ce propos, mais elle parût disposée à suivre celui qui dans son âme brûlait du désir de la sauver. Lorédan se remit en marche sans faire attention à un mouvement de surprise qui échappa au geolier; tous les trois descendirent l'escalier, et revinrent dans la première salle où Luciani les attendait; là, dès qu'il les eût aperçus, il se leva du siége qu'il avait pris, et dit à l'autre bandit d'aller ouvrir la porte; il se préparait à le faire, mais son compagnon, en jurant d'une manière terrible, lui dit quelques mots dans une langue inconnue à Luciani et à Lorédan, puis allant se placer devant la porte. « Alte-là, révérends pères, leur dit-il, on peut surprendre une partie des mots d'ordre de notre abbé, mais on ne peut les deviner tous. Vous avez manqué, l'un, à faire ce qu'il devait, lorsque j'ai amené la dame; l'autre a oublié le signe qui devait faire ouvrir le passage; ainsi vous êtes tous les deux des fourbes, et voici la récompense de votre témérité. »

Il dit, et fond sur Lorédan, le croyant sans défense, tandis que son compagnon court vers Luciani; mais aux premières paroles prononcées, le marquis n'avait pas tardé à se mettre en mesure, et Luciani, armé comme lui d'une épée cachée sous son vêtement, l'avait également imité. Ici la partie était égale, aussi fût-elle bientôt décidée; l'adresse, la bravoure de Francavilla, lui donnaient incontestablement le premier rang parmi les chevaliers les plus vantés de la Sicile. Malgré le désavantage des armes, il eût promptement jeté par terre son assaillant, en lui arrachant la vie, et ce soin terminé, il courut au secours de Luciani, qui, ne possédant pas les mêmes avantages, était sur le point de succomber.

Le besoin de sa sûreté, de celle du grand infirmier, et de tous ceux qui s'intéressaient à lui, rendit en ce moment Lorédan impitoyable; il frappa ce nouvel ennemi sans éprouver pour lui l'ordinaire pitié due au vaincu, et il chercha, en tranchant ses jours, à conserver ceux qui lui étaient bien autrement précieux.

Durant cette lutte terrible, la dame justement effrayée, avait perdu l'usage de ses sens; elle était tombée sur le plancher, et dans le premier moment, notre héros craignit qu'elle n'eût reçu quelque blessure de la main des scélérats qu'il venait de punir; il fut à elle, et la releva; la prit dans ses bras, et l'asseyant sur une chaise, essaya de la rappeler à la vie; il vit avec joie que la frayeur était la seule cause de son évanouissement, et que pour elle le danger serait passé dès qu'elle aurait l'assurance d'être sauvée.

Cependant Luciani se montrait impatient de sortir de ce lieu; il savait bien que nul autre qu'eux ne se trouvait alors dans les environs; mais la prudence commandait impérieusement de ne pas se confier à un calme apparent; et dès que la belle prisonnière eût ouvert ses beaux yeux, il la prit par la main, et tous en silence descendirent le dernier escalier qui devait les ramener dans l'intérieur du souterrain, remerciant le ciel qui leur avait permis de délier par les armes le dernier nœud qui s'opposait à leur délivrance.

Les deux geoliers de la prison, qui n'était autre que la forteresse vue dans la forêt par Amédéo, furent trompés d'abord, comme nous l'avons dit, par les divers signes que Luciani avait enseignés à Lorédan; mais il restait encore pour celui auquel on confiait le soin d'amener la captive, à prendre la main de l'un des geoliers, à la serrer trois fois en répétant en nombre égal ces mots : « Vengeance et secret. » Puis il fallait, s'approchant du portier, lui faire une profonde salutation, en prononçant d'une voix concentrée : « *A toi, marquis Francavilla, à toi!* »

Ces signes omis éveillèrent la défiance des bandits; la conduite postérieure des deux aventuriers acheva de les convaincre qu'on les trompait, et on a vu le combat qui avait été la suite de cette découverte.

Luciani, après avoir cheminé quelque pas, s'enfonça sous une voûte excessivement basse, ouvrit encore une porte cachée par un rocher pivotant, et là, annonça au marquis qu'il fallait se séparer; il lui indiqua la route qu'il devait suivre, lui donna la lampe des brigands et une torche qu'il avait apportée; il fit passer la dame du côté de Lorédan, et après avoir écouté les expressions de la gratitude de notre héros, il replaça le rocher, et reprit avec promptitude la route du monastère, où il arriva sans avoir couru de nouveaux périls, et sans que l'on pût le soupç nner d'être entré pour quelque chose dans les actions qui eurent lieu durant cette mémorable nuit.

Ce n'était plus dans une voûte, ouvrage de l'art, que se trouvaient Lorédan et sa compagne, mais bien dans une caverne naturelle, immense par son étendue, et percée de plusieurs sentiers qui se perdaient dans de vastes profondeurs. Le marquis s'arrêta un moment pour contempler les brillantes cristallisations qui scintillaient autour de lui, et décoraient ce grand espace avec toute la pompe, toute la magnificence que la nature sait déployer dans ses œuvres.

Ce moment de repos permit à la belle inconnue de se remettre entièrement; et lorsqu'elle eût un peu assis ses idées, elle témoigna de vives craintes de sa présente position; elle croyait n'avoir évité un péril que pour tomber peut-être dans un pire, et ses regards témoignèrent à Lorédan son nouvel effroi.

La délicatesse de ce noble seigneur lui fit aisément deviner ce qui se passait dans le cœur de sa compagne ; il crut ne pas devoir retarder de lui rendre un peu de tranquillité ; et alors tirant de son sein une lettre que Luciani lui avait remise pour elle, il la pria de la lire attentivement.

La vive rougeur dont fut soudain coloré le beau visage de la dame, lorsqu'elle se fut approchée de la lampe qui l'éclairait, afin de mieux parcourir l'écrit qu'on lui avait donné, la douceur de son sourire, et le calme reparaissant soudain dans ses traits, prouvèrent au marquis que sa compagne était entièrement rassurée et qu'elle ne le comptait plus au rang de ses ennemis.

« Pardon, seigneur, lui dit-elle, si, effrayée par le nombre et la puissance des êtres coupables qui m'ont depuis un temps environnée, j'ai pu redouter de n'être pas délivrée de leurs mains en tombant dans les vôtres. Ma meilleure excuse sera de vous faire remarquer l'habit que vous portez ; j'ai appris à ne le voir revêtir que par mes ennemis, ou par ceux du cavalier, seul digne de mon estime et de toute ma tendresse. C'est lui qui me faisait trouver des charmes dans la sombre prison où j'étais renfermée, et c'est lui qui, par vous, me procurant ma délivrance, m'ordonne de vous suivre et de me confier à vous. Mais en même temps, par des motifs que plus tard il m'expliquera sans doute, il m'engage à vous taire son nom, se réservant lui-même de vous l'apprendre lorsque le moment favorable en sera venu. »

Elle dit et posant la lettre sur la flamme de la lampe, elle la réduit entièrement en cendres.

« Madame, répliqua Lorédan, malgré toute la reconnaissance que mon cœur doit éprouver pour mon libérateur, qui sans doute doit être pareillement le vôtre, je ne puis m'empêcher de lui en vouloir au sujet de ce mystère dont il s'enveloppe; se méfierait-il de ma discrétion ? sa tendresse me ferait-elle cette pénible injure ? Il est vrai que j'ose attribuer à d'autres causes ce silence dont il veut s'environner ; je respecte son motif. Hélas ! pensant en tout comme lui, moi non plus, je n'aurais garde de faire connaître ni mon protecteur, ni le nom de celui qui me poursuit avec un acharnement inexprimable.

Quant à vous, madame, croyez que désormais je veillerai sur vous avec la tendre vigilance d'un frère ; puissé-je par mes soins respectueux reconnaître un peu ce que fait pour moi le meilleur et le plus cher des hommes. »

Après avoir ainsi parlé, Francavilla fit observer à l'inconnue, qu'elle devait, si elle en avait le pouvoir, consentir à poursuivre leur route. « nous devons, dit-il, parcourir encore un vaste espace de chemin, avant d'avoir dépassé la forêt sombre, et s'il était possible, il faudrait que le jour naissant nous rencontrât bien au-delà de son enceinte.

La dame lui dit qu'elle était prête à le suivre, et Lorédan se mit à chercher dans cette immense caverne, un ruisseau dont le cours lui servît de guide ; il le trouva vers la droite, et les deux voyageurs le suivirent dans ses divers détours. Tantôt d'énormes colonnades de stalactites brillantes se développaient en portiques étincelans ; tantôt des masses de rochers, par leur noirceur, servaient de contraste à cette magnifique décoration. La voûte, tour-à-tour, ou s'élevait à perte de vue, ou venait presque toucher la tête du couple aventurier. Il suivait constamment un sentier assez large, pratiqué le long du ruisseau, obstrué quelquefois par des décombres, mais le plus souvent net et parsemé d'un sable fin et blanc. Demi-heure encore se passa dans cette marche, enfin ils arrivèrent à un lieu où le ruisseau se précipitait sous une voûte, trop basse pour livrer un passage, et c'était l'endroit où Lorédan devait chercher à sortir de cette grotte merveilleuse.

Il examina avec attention tous les objets qui frappèrent ses yeux, et une énorme stalactite, imitant dans ses formes une gigantesque pyramide, attira son attention; il passa derrière, aperçut à une élévation de près de six pieds, un anneau de cuivre, couvert de mousse; il s'y éleva au moyen de deux grosses pierres, déjà placées sans affectation au dessous, et secouant avec force cet anneau, il ébranla une porte de cuivre pareillement, qui venant à s'ouvrir, lui montra sa partie intérieure découpée inégalement, et revêtue d'une pierre brute, paraissant faire partie du rocher.

Lorédan, charmé d'avoir atteint le but de son voyage, passa le premier par cette ouverture, puis y fit passer sa compagne, et ensuite referma solidement la porte secrète, se promettant bien de s'en servir encore quelque jour, s'il lui devenait nécessaire de rentrer dans le monastère de Santo-Génaro.

Tandis que le marquis prenait ce soin, l'inconnue en jetant un coup-d'œil dans la caverne nouvelle où ils se trouvaient, vit avec surprise un lit dans lequel reposait un homme, et tout auprès, sur une escabelle, était placé l'odieux vêtement des frères noirs. Sa frayeur fut extrême à cette vue; elle se rapprocha précipitamment de Francavilla, et d'une voix étouffée par la terreur, elle lui fit part de sa découverte.

Lorédan, s'étant convaincu qu'elle ne se trompait point, s'arma promptement de son épée et courut vers ce religieux, prêt à l'immoler peut-être, si l'interêt de leur sûreté l'exigeait; mais quand la lampe eut mieux frappé les traits de ce personnage, quel fut le sentiment de joie du marquis, en reconnaissant non un ennemi, mais son cousin Amédéo Grimani.

CHAPITRE XVI.

Charmé de retrouver en ce lieu un parent dont il avait pu apprécier la bravoure et l'attachement, Francavilla le fit connaître à la dame, afin de la rassurer ; et la priant de s'éloigner, il revint au lit de Grimari, et posant sa main sur le front de son cousin, chercha à l'arracher au sommeil.

L'extrême fatigue qu'avait éprouvé Amédéo l'accablait encore ; il se réveilla avec peine; mais quand ses yeux se furent ouverts et qu'il eut aperçu le costume des Frères noirs, il fit un mouvement impétueux pour se jeter sur son épée, qui était proche ; mais la prudence de Lorédan avait prévu ce que le courage inspirerait à son ami, et il avait écarté le fer. En même temps et par une gaîté peu commune, il voulut plaisanter Grimani.

« Chevalier, lui dit-il, on ne dort pas dans les périls extrêmes, surtout lorsqu'un Frère noir vous amène une belle dame, qu'il faut protéger et recommander à votre bravoure comme à votre galanterie. » Quoique le marquis cherchât à déguiser sa voix, elle produisit sur Amédéo un effet extraordinaire et son regard ayant, dans le même moment, vu dans le fond de la chambre une femme, il ne douta plus qu'elle ne fût de la compagnie de son ami, et le nom de Lorédan échappa de sa bouche.

Dès que celui-ci s'entendit nommer, il ne prolongea plus le badinage, et ayant soulevé son capuce, il se jeta dans les bras de Grimani qui, dans ce même instant, lui demanda à voix basse si la dame, amenée nuitamment dans sa demeure, était la belle villageoise; une réponse négative calma un peu la joie qui s'élevait déjà dans son cœur.

Il instruisit à son tour en peu de mots Lorédan de tout ce qui lui était arrivé; il lui parla de la singulière conduite de Jacomo, et le rassura, tant sur la santé de ce brigand, que sur la sienne. Ses blessures extrêmement légères ne pouvaient pas tarder à être guéries, et ne l'empêcheraient pas de partir sur le champ, si Stéphano voulait le permettre. « Ce qu'il y a de plus fâcheux, dit-il, c'est qu'hier au soir, tout accablé par la fatigue, je ne songeai pas à observer de quelle manière on sortait du lieu où nous nous trouvons.

Oh! répliqua Lorédan en riant, vous savez que j'ai eu de tout temps la prétention d'être plus réfléchi que vous ne l'êtes; et avant de me lancer dans cette route souterraine, j'ai pris mes précautions en me munissant de toutes les instructions nécessaires; et je vais sur-le-champ vous le prouver.

En disant ces mots, il allait ouvrir la porte cochère communiquant avec l'intérieur de la cabane, lorsqu'Amédéo l'arrêta en lui faisant observer que la chambre première de la demeure de Stéphano, renfermait certainement un bandit dans le compagnon de Jacomo, et peut-être plusieurs qui pouvaient être venus avec le dessein de voir leurs camarades. Lorédan apprécia cet avis; et ce fut avec beaucoup de précaution qu'il s'introduisit dans la chaumière, amenant avec lui l'inconnu, afin de donner à Grimani le temps de retirer ses habits; il lui recommanda de ne pas oublier de mettre par-dessus sa robe de pélerin la robe des Frères Noirs, qui leur devait encore être nécessaire pour s'évader de la forêt.

La chambre où Lorédan pénétra était solitaire; mais il entendit parler dans celle qui venait ensuite, et il écouta attentivement; deux personnages faisaient seuls les frais de la conversation, et avec un peu d'étude, il reconnut les voix de Jacomo et de Stéphano; dès-lors il pensa ou que l'autre brigand dormait, ou qu'il était peut-être sorti; et en conséquence il n'hésita plus à faire quelque bruit, afin d'attirer vers lui la curiosité de leur hôte; il ne se trompa point.

Stéphano, en entendant du mouvement, ne se rappelait pas s'il avait ou non indiqué à Grimani, le moyen de sortir de la caverne; il ne douta pas que ce ne fût lui qui eût besoin de quelque chose, laissant Jacomo, il vint où l'attendait Lorédan; celui-ci, pour éviter le trouble d'une première surprise, avait quitté son vêtement extérieur; et son habit de pélerin frappant les yeux du vieillard, lui permit de reconnaître celui qui arrivait à lui d'une façon aussi mystérieuse.

Je vois, signor, lui dit-il, que vos amis vous ont ouvert la seule route qui pût en sûreté vous faire franchir les murs odieux de Santo Génaro; désormais je dois être regardé par vous, comme l'un des concierges de cette demeure, où vous auriez péri sans les secours de l'ange bienfaisant qui, par un dévoûment sublime, a voulu sans relâche veiller à votre sûreté; j'acquiers en voyant cette illustre et noble dame, la preuve évidente de l'attachement de votre protecteur; je sais la tendresse qu'il lui porte, et en vous confiant le soin de l'arracher à sa prison, il ne pouvait mieux vous prouver combien il vous chérit et vous estime.

Lorédan fut charmé en apprenant combien Stéphano était instruit de tout ce qui l'intéressait; cela le dispensait de prolonger les éclaircissemens; aussi ce contenta-t-il de lui demander s'il croyait possible qu'on pût sortir de la forêt sans mauvaise rencontre.

Je n'oserais vous le promettre, répondit le vieillard, et cependant je ne vous conseillerais pas de vous cacher plus long-temps dans ma chaumière; il ne faut pas douter que dès que votre évasion et celle de cette dame seront connues, vos ennemis ne redoublent d'activité comme de surveillance; et qu'alors, gardant avec plus de soin les passages, ils ne vous surprennent plus facilement lorsque vous voudrez les franchir.

Votre opinion, reprit Lorédan, est sur ce point conforme à la mienne; et comme nous pouvons encore compter sur deux heures de nuit; je crois qu'il n'y a pas de temps à perdre.

Je pense comme vous, dit le vieillard; d'ailleurs en ce moment nous sommes ici libres de vos ennemis; les compagnons de Jacomo se sont éloignés, et ne reviendront pas avant l'aurore.

Lorédan fut charmé d'apprendre cette particularité; et dans ce moment Amédéo les ayant rejoints, ils passèrent tous ensemble dans la chambre où gisait le brigand, après toutefois, que le marquis eut revêtu son costume de Frère Noir.

Jacomo, à la vue des trois personnages, s'écria : diantre! Stéphano, vous ne m'aviez pas dit que vous aviez une réserve de nos coquins de religieux ; est-ce qu'ils ont dans le couvent force gibier pareil à celui-ci, dit-il en montrant l'inconue ; en ce cas, j'aurais moins de répugnance à faire profession dans le monastère, et à m'enrôler dans leur damnée confrérie.

On passa à Jacomo la grossièreté de sa plaisanterie, en faveur de ses excellentes intentions ; et le vieillard, sans l'instruire cependant de la route cachée par laquelle Lorédan était venu, lui demanda s'il pensait qu'il y eût sûreté pour les deux barons, à traverser à l'heure même, la distance qui séparait la cabane des limites de la forêt.

Je ne puis, répondit le blessé, vous rien dire de positif sur ce point; tout ce que je puis assurer, c'est que les nôtres vont ordinairement deux à deux ; quelquefois ils sont trois, mais jamais plus de quatre, à moins qu'il ne soit question d'une expédition extraordinaire ; ainsi, pour peu que ce signor, dit-il en montrant Lorédan, joue des armes comme son ami, je puis donner l'assurance qu'on ne s'opposera pas à leur dessein ; d'ailleurs, s'ils ne se refusent pas à employer un peu la ruse, il réussiront plus aisément par leur habit; connaissant le grand mot de passe, il ne leur reste plus à apprendre que celui de jour, et c'est *Messine et l'Etna*; avec ces deux mots, du sang-froid, de l'audace et leurs épées en arrière-garde, ils échapperont à tous les périls, surtout s'ils veulent encore commander impérieusement aux premiers d'entre nous qu'ils rencontreront de leur servir d'escorte ; dès-lors les autres troupes les voyant en si bonne compagnie, ne s'inquiéteront plus de leur demander où ils vont.

Cette dernière ressource divertit nos héros, et ils se promirent bien de ne pas la négliger si la chose se présentait, et sur-le-champ ils se préparèrent à se mettre en route. Cependant, Amédéo avant de partir, s'approcha davantage du lit de Jacomo, et prenant la parole, exhorta ce dernier à venir le trouver, soit à Palerme, soit à Altérano, lorsque ses blessures seraient guéries. « Je vous promets, lui dit-il, de vous mettre en position heureuse, et vous n'aurez pas besoin de mener désormais votre misérable vie. »

Grand merci de votre bienveillance, signor, répondit Jacomo ; mais je ne compte pas en profiter ; mon père était né brigand ; j'ai pris le jour au milieu de sa profession, je n'en connais pas d'autre, et peut-être les autres ne me conviendraient point ; je veux y mourir comme y est mort mon père ; si par cas mon épée vous devenait utile, employez-la ; je ne m'en sers pas mal ; tous les jours on ne rencontre pas des gens de votre force ; n'ayez pas envers moi de reconnaissance, car on m'a bien payé le service que je vous ai rendu ; adieu, bon voyage, partez promptement ; et si jamais on veut me pendre, alors je m'adraisserai à vous.

Il fallut donc abandonner le bandit incorrigible ; les deux amis firent à Stéphano les mêmes offre, il les reçut plus respectueusement, mais les refusa aussi non, par les mêmes motifs, mais comme ne pouvant disposer de sa personne sans le consentement de leur commun bienfaiteur. Les divers personnages se séparèrent enfin, après que les voyageurs eurent été couduits par Stéphano jusque dans la forêt, et qu'il leur eut enseigné le chemin qu'ils devaient suivre.

Cet honnête vassal leur avait donné un long manteau et une toque dont ils se servirent pour déguiser leur belle compagne, redoutant pour elle les regards de quelque brigand. La lune brillait à l'heure où ils se mirent en marche, et sa clarté quoique bien faible servit encore à les diriger ; ils allaient à grands pas cherchant à gagner la plaine découverte, avant la naissance du jour, et en même-temps faisaient une garde exacte autour d'eux, pour ne pas être surpris à l'improviste par un des partis courant dans les environs

Depuis quelque temps ils apercevaient, à une longue distance, la clarté d'un feu qui scintillait au travers le feuillage ; ils se doutèrent bien que ce devait être un bivouac de brigands. La dame les conjura de changer de route, redoutant de se trouver exposée parmi ces malheureux ; mais les deux amis lui firent observer qu'un danger plus réel était celui de quitter le sentier qu'on leur avait indiqué, pour aller se perdre dans des chemins qui ne leur étaient plus connus, tandis qu'en allant vers le feu, on pouvait espérer ou de surprendre ceux qui l'avaient allumé, ou de s'en défaire par combat ou par ruse ; en consequence, ils continuèrent à cheminer de ce côté.

En approchant du brasier, ils virent distinctement deux hommes de mauvaise mine, dont l'un veillait et l'autre dormait la tête appuyée sur un gros tronc d'arbre ; les voyageurs, plus rassurés, s'avancèrent vers eux.

En entendant le bruit qu'ils faisaient dans les halliers, le bandit qui ne sommeillait pas, se hâta de secouer son camarade ; tous les deux soudain furent sur pied, et mirent leur sabre à la main ; la flamme réfléchit en cet instant sur le sombre costume des Frères noirs, et Lorédan s'avançant avec assurance : *A toi! Francavilla, à toi!* dit-il, et d'un geste impétueux, il ordonna aux bandits de baiser leurs armes ; mais ceux-ci avant d'obéir s'écrièrent ensemble *Messine!*

Etna! repartit Amédeo, et, soudain, les deux trompés, prirent une posture respectueuse.

— « Qui êtes-vous, leur demanda Lorédan ? »

— « Je suis, dit l'un d'eux, Orphano, le chanteur de romance, et voilà Ginseppe, mon compagnon, prêt à vous servir, ainsi que nous devons le faire. »

— « C'est bien, dit Lorédan; en vertu de la sainte obéissance que vous devez avoir pour les Frères noirs en général, et pour notre illustre abbé en particulier, je vous commande de nous servir d'escorte jusqu'au-delà des limites de la forêt où nous allons pour le service de la pieuse association. »

Les bandits n'avaient garde de répliquer; ils prirent leur cape et précédèrent les trois voyageurs, charmés de voir aussi bien réussir le stratagême que Jacomo leur avait indiqué; ils ne tardèrent pas à connaître tous ses avantages.

Par deux fois ils rencontrèrent une troupe de brigands qui sans doute les auraient embarrassés; mais qui, à la vue d'Orphano et de Ginseppe, se contentaient de s'incliner en silence, et de les suivre d'un regard curieux.

Plus on approchait de la plaine, plus les voyageurs eussent voulu retarder la venue du jour. Déjà les premières lueurs de l'aube faisaient qu'on se distinguait dans ces lieux, lorsqu'enfin ils atteignirent le but tant désiré de leurs souhaits. Les deux bandits, en cet endroit, leur demandèrent s'ils ne voulaient pas qu'ils les accompagnassent plus loin ; et sur le refus de Lorédan, ils lui observèrent que les Frères Noirs n'étaient pas bien vus dans les villages voisins ; mais comme on peut le croire, nos avanturiers persistèrent à les remercier, et se séparèrent d'eux ; ceux-ci rentrèrent dans la forêt, et les autres poursuivirent leur route, respirant plus librement, et charmés qu'on ne les eût pas reconnus, et qu'on n'eût pas soupçonné le sexe de leur aimable compagne.

Ils s'empressèrent, dès qu'ils furent seuls, de choisir la route la plus droite qui pût les mener au village voisin, mais avant que d'y entrer ils furent derrière un buisson changer de costume, et quittant la robe de Frère noir, en firent un paquet qu'ils portèrent avec eux, ne voulant point le perdre, et imaginant que plus tard peut-être elle leur deviendrait nécessaire.

La dame inconnue continua de se couvrir de sa toque et de son manteau, pour ne pas trop éveiller la curiosité des gens de la campagne, et pour ne pas ébruiter les particularités du voyage que les deux amis venaient de faire.

Dès qu'ils eurent atteint la pemière hôtellerie, ils cherchèrent à se procurer trois chevaux, et facilement ils les obtinrent; dès que ces soins furent pris, ils partirent promptement, et vers le milieu de la journée, ils découvrirent enfin les hautes tours d'Altanéro, que plus d'une fois Lorédan et Grimani avaient craint de ne plus revoir.

Le marquis voulant toujours s'envelopper de quelque apparence de mystère se décida à s'introduire par la petite entrée qui s'ouvrait dans les fossés, et confiant leurs montures aux paysans qui les avaient accompagnés; ils descendirent le chemin de la poterne. Lorédan d'un air respectueux offrit la main à l'inconnue; Amedéo les suivit, et tous les trois entrèrent dans le château.

CHAPITRE XVII.

Si quelqu'un parut étonné, ce fut sans doute le marquis Magini, lorsque les deux battans de la porte principale du grand sallon venant à s'ouvrir, donnèrent passage à une dame magnifiquement vêtue, et accompagnée de deux pelerins, ceux-ci s'étaient débarbouillés le visage ; aussi leur oncle n'eut-il pas de peine à les reconnaître ; il poussa un cri, courut dans leurs bras, commandé par son premier mouvement ; puis la réflexion lui rendant sa colère, il jugea convenable de paraître fâché.

Mais ses neveux, par leurs tendresses respectueuses, le calmèrent facilement. Ils exagérèrent eux-mêmes leur tort, afin de le rendre moins considérable, et pour achever d'apaiser Magini, ils lui promirent de lui faire d'étonnantes révelations ; cependant avant tout, Francavilla jugea convenable de mener l'inconnue dans un appartement où elle pût se reposer.

— « Signor, lui dit-elle, pour satisfaire en tout aux desirs de celui qui m'a confiée à vous, je dois vous demander la faveur de me renfermer dans une solitude absolue ; il redoute avec raison les entreprises de notre ennemi commun ; il veut qu'on perde entièrement ma trace ; j'ai moi-même les plus fortes raisons pour ne pas être aperçue. Le soin de ma sûreté, l'honneur, la vie même de votre protecteur seraient violemment compromis, si on pouvait parvenir à me connaître. Je pense que ces seigneurs meritent toute votre confiance, aussi je ne crains pas de m'expliquer devant eux, mais je ne vous en supplierai pas moins de souffrir momentanément, que je me condamne à une prison volontaire.»

Le discours de la dame surprit les trois assistans. Le vieux marquis se mourait d'envie de lui demander la cause de sa conduite; mais il n'osa pas, et Lorédan s'empressa de témoigner à la belle inconnue, qu'elle serait obéie en tous ses désirs ; il la conduisit provisoirement dans une pièce voisine, et envoya en même-temps chercher le sénéchal du château ; celui-ci, instruit que son baron, sur le compte duquel on avait eu de si vive craintes, venait de reparaître dans Altanéro, vint avec joie lui faire la révérence, lui rendre compte de ce qui s'était passé durant son absence, et lui demander ses ordres pour l'avenir.

Lorédan commença par lui commander un redoublement général de surveillance ; il ne lui dissimula pas la rencontre effrayante qu'il avait faite quatre jours auparavant dans les murs du château, quand on avait cherché à l'épouvanter par quelque prestige. — « Je dois croire, poursuivit-il, que mes ennemis ont de secretes intelligences dans Altanéro ; il m'est impossible de soupçonner le concierge ; mon ami le prince Luiggi m'a trop assuré de sa fidélité, et je me fais une religion de suivre toutes les volontés de cet ami incomparable ; mais il est possible que parmi les subalternes, il s'en soit trouvé un plus accessible à la séduction ; veillez donc, sénéchal, sur toutes les menées qui pourraient compromettre ma sûreté; qu'on ferme soigneusement les passages extérieurs, et redoutons de nous laisser surprendre.»

Le sénéchal assura Lorédan de son zèle et du soin qu'il emploierait à découvrir les trames qui pourraient s'ourdir en silence; il ne lui laissa pas ignorer que grâce au fracas mis par le marquis Mazini à les chercher la veille dans les environs de la forêt, tous les vassaux et les gens d'armes avaient appris l'inimitié élevée entre des Frères Noirs et le marquis Francavilla; que cette nouvelle en leur causant une réelle terreur leur avait donné la plus ferme envie de se prémunir contre les embûches que pourraient dresser des adversaires aussi dangereux.

«Maintenant, reprit le marquis, j'ai à vous entretenir sur un sujet aussi important, et qui dérive de tout ce que nous venons de dire. Je viens de ramener avec moi une noble dame qui a le plus grand intérêt à se soustraire aux regards des Frères Noirs, ou de eeux qu'ils pourraient envoyer; il serait même bon que son existence ne fût pas connue des habitans de ce château ; et je vous ai fait appeler particulièrement pour conférer avec vous sur cet article. »

Le sénéchal ayant réflechi un moment, se rappela qu'il devait exister dans une petite cour à un étage très-élevé un appartement retiré dont les fenêtres donnaient sur la mer, et par conséquent qu'on ne pouvait apercevoir ni de l'intérieur du château ni de la campagne. Cette demeure entièrement oubliée communiquait par une galerie cachée entre deux épaisses murailles, dans l'appartement du sénéchal, où était pareillement son épouse. Il offrit de conduire l'inconnue dans cette retraite où elle serait éloignée de tout péril; la sénéchale aurait soin de lui procurer sa nourriture, et pourrait en même temps être pour elle une compagne agréable.

Ce discours du sénéchal plut fort à

Lorédan ; il trouva que sa protégée ne pouvait avoir une demeure plus convenable, puisqu'elle était décidée à ne point se montrer ; et en conséquence, il s'empressa d'aller la rejoindre, et il lui fit part de ce que venait de lui dire le sénéchal. L'inconnue le remercia et à son tour se montra impatiente d'aller se retirer dans le lieu qu'on lui destinait; et pour la satisfaire le sénéchal l'y conduisit sur le champ ; Francavilla voulut aussi lui servir d'escorte.

Ils montèrent tous les trois par des escaliers dérobés jusqu'aux chambres habitées par le premier officier du château. Là, ils furent reçus par la sénéchale, dame grave, et autrefois la meilleure amie de la mère de Lorédan. Celui-ci qui avait eu en cent occasions le moyen d'apprécier sa retenue, n'hésita pas de la mettre au fait de la meilleure partie des événemens qui venaient de se passer, et la sénéchale, nommée signora Orsoni, comprit parfaitement combien il était important de bien cacher la détenue volontaire.

Elle la mena elle-même dans son appartement composé de trois pièces; la vue en était délicieuse; elle embrassait l'étendue de la mer; et comme en ce moment l'étrangère ne demandait que le repos, on la laissa seule après que Lorédan eut obtenu la permission de venir lui presenter l'hommage de ses respects.

CHAPITRE XVIII.

Le marquis Grimani impatient de prendre sa revanche et de pouvoir censurer tout à son aise la conduite de ses neveux, attendait avec une grande colère qu'ils voulussent bien enfin reparaître devant lui. Dès qu'Amédéo avait vu sortir son cousin, il avait pris, lui aussi, un prétexte pour quitter le salon; il avait voulu aller, disait-il, changer de costume; mais dans le fait, son unique but était de se soustraire aux gronderies de son oncle. Cependant, pour les éviter entièrement, il lui eût fallu employer d'autres ruses; Mazini n'était pas homme à laisser échapper ainsi les occasions de pérorer.

Il attendait, avons-nous dit, que les deux coupables revinssent auprès de lui; et la satisfaction qu'il espérait de cette entrevue fut retardée jusqu'au repas du soir. Là, il fut pourtant nécessaire aux jeunes gens de se montrer, et dès qu'ils parurent ensemble, Mazini, une lettre à la main, s'avança de Lorédan.

« Voilà, mon neveu, lui dit-il, une dépêche de votre belle fiancée que vous auriez eue plus tôt si j'avais su où vous la faire parvenir; mais, dieu merci, vous avez quitté ce beau palais sans vous occuper de sa conservation, et votre oncle, sans vous rappeler les égards qui lui étaient dus, et les conseils qu'on aurait pu lui demander.

Lorédan voulant détourner l'orage, se contenta de s'incliner, et ayant brisé le cachet de la lettre, il se hâta de lire ce que pouvait lui mander la femme en possession de tout son amour; Ambrosia, après lui avoir parlé de sa tendresse et témoigné son désir extrême de le revoir à Palerme, lui faisait part des craintes élevées dans son cœur au sujet de l'apparition imprévue des brigands, le jour où Francavilla avait pris possession du château d'Altanéro, et des menaces que ces méchans avaient osé lui adresser.

Déjà le bruit de cet événement avait couru jusqu'à Palerme; Ambrosia en concevait beaucoup d'inquiétude, et pour les apaiser elle avait besoin d'entendre la voix de son amant. Elle lui témoignait aussi sa surprise de la rencontre prétendue qu'il disait avoir faite de ses tablettes dans la corbeille d'une jeune villageoise, lorsque, disait-elle, ces tablettes n'étaient jamais sorties de ses mains. « Je les possède encore, ajoutait Ambrosia, et j'espère, en vous les faisant voir vous prouver que je ne perds ni ne donne tout ce qui m'est un gage de votre amour. »

Cette dernière partie de la lettre de la jeune duchesse ne fut pas ce qui étonna le moins Lorédan; il ne put s'empêcher d'en faire part à Amédéo, et par suite à son oncle. Celui-ci n'eut garde de laisser échapper une si belle occasion, et il s'empressa de prendre la parole.

» Hé bien! Lorédan, dit-il, eh bien! serez-vous assez aveugle pour ne pas voir en tout ceci une preuve que vos ennemis, aux moyens ordinaires qu'ils emploient contre vous, en joignent de surnaturels. Pensez-vous qu'un lutin n'ait pas pu pour quelques heures dérober les tablettes de la signora Ferrandino, et puis les lui rendre aussi subtilement qu'il les lui avait enlevées. Certes si ces choses ne frappent pas vos yeux, vous devez être bien incrédule; croyez-moi, soyez dorénavant sur vos gardes; faites d'abord exorciser le château par votre chapelain, afin d'en chasser les puissances infernales qui auraient pu s'y introduire. Ensuite, n'en sortez plus que bien accompagné, ou mieux encore allons tous à Palerme, où vos ennemis auront moins de facilité à vous nuire, et où les ressources ne vous manqueront pas.

Il est temps de vous apprendre ce qui s'est passé durant votre absence; avant-hier matin je fus étrangement surpris à l'heure ordinaire où nous nous rassemblons, de ne vous voir paraître ni l'un ni l'autre.

« J'attendis quelque temps, espérant que vous aviez été vous promener dans les environs, malgré le danger d'une telle incartade; car il ne pouvait entrer dans ma tête que vous eussiez poussé la témérité plus loin; mais les heures s'écoulèrent, et vous ne reparaissiez pas; j'envoyai sans succès une partie de mes gens et des vôtres parcourir la campagne; nulle part on ne put me donner de vos nouvelles; on n'avait vu passer que deux pélerins; et pouvais-je imaginer que mes neveux étaient cachés sous ces habits vulgaires.

» Cependant votre absence se prolongeant toujours, je commençai à éprouver des craintes véritables, et la nuit, j'ose vons l'assurer, me jeta dans un extrême désespoir, quand j'eus acquis la certitude qu'elle ne vous ramènerait point. Je pris mon parti, et à l'aurore suivante, accompagné d'une suite nombreuse, je voulus moi-même me mettre en quête des deux imprudens, victimes sans doute de quelques piéges grossiers, tendus par la méchanceté à leur inexpérience.

» Il me vint alors dans la pensée que vous aviez eu peut-être l'idée de courir les aventures, pour tâcher de délivrer cette fille hardie qui n'avait pas redouté de venir fredonner sous les fenêtres du château, et qu'on avait punie de son audace; et alors je dus croire que vous aviez tourné vos pas vers la forêt sombre, et que pour avoir de vos nouvelles, je devais courir de ce côté.

» Je le fis donc, sans cependant avoir envie de pénétrer dans son sein; je savais trop le sort réservé à l'audacieux qui ne tremblerait pas d'en franchir l'enceinte, et je me contentai de la côtoyer.

» Mais nul villageois ne vous avait vus; enfin, je rencontrai un bon paysan auquel je fis la question accoutumée, et celui-là, pour le moment, dissipa mes inquiétudes; il m'apprit, le brave homme, que vous étiez passés près de lui; que vous aviez, d'après ses représentations, renoncé à traverser la forêt; et que, en suivant la lisière, vous aviez pris le chemin de Taormina.

Quoique j'ignorasse ce que vous alliez faire dans cette ville, je fus plus tranquille; et ayant donné à plusieurs de vos gens d'armes l'ordre d'aller vous rejoindre dans cette ville, je suis revenu à Altanéro, fort impatient de vous y voir rentrer, et mon chagrin n'eût pas été médiocre si j'avais eu la moindre connaissance des périls que vous couriez. »

Ici le marquis Mazini termina son récit, et Lorédan le remercia de la bonté avec laquelle il avait craint pour ses jours, tandis qu'Amédéo, en faisant les mêmes complimens, ne pouvait retenir son envie de rire, ce que le vieil oncle remarqua facilement; le dépit se peignit de suite sur sa figure; et Grimani, par une franche explication, essaya de détourner sa colère.

« Excusez-moi, signor, dit-il, si je m'abandonne inconsidérément à ma gaîté; je me rappelle que le bon villageois dont vous reçûtes les renseignemens qui vous satisfirent, était, non un paysan, mais un coquin de brigand de la forêt; je l'ai entendu faire lui-même le récit de votre entrevue, et s'applaudir de la façon adroite avec laquelle il vous avait trompé en vous mettant sur une fausse voie, et en reçevant de vous une riche récompense, assurément bien mal gagnée par le drôle. »

Si, d'un côté, ces paroles appaisèrent Mazini, elle ne laissèrent pas de lui faire un peu de peine de l'autre; il lui paraissait pénible d'avoir été la dupe d'un misérable bandit, et il jura par les saints anges de lui faire un mauvais parti, si par hasard il lui tombait jamais dans les mains.

Ce fut pour Lorédan et pour Amédéo une satisfaction bien grande que celle de reposer cette nuit dans Altanéro; ils faisaient avec ce délice qui vous rappelle les dangers passés, la comparaison des inquiétudes, du trouble réel auquel ils avaient été en proie durant les nuits précédentes, avec le calme dont ils allaient jouir pendant le cours de celle qui commençait.

Néanmoins, Francavilla, en s'interrogeant lui-même, se trouvait peut-être moins heureux que pendant la durée de la première; il ne craignait alors que pour sa vie, et maintenant il avait à gémir sur la plus effroyable des trahisons, sur une perte irréparable, car elle lui enlevait un ami. La certitude d'être devenu l'objet de la haine de Ferdinand Valvano, ne pouvait sortir de son cœur, qu'elle troublait d'une étrange sorte; Ferdinand l'avait abandonné, il n'avait pas craint d'employer contre lui les secours d'une puissance injuste, et sa bouche l'avait condamné à la mort, en lui voulant faire subir le plus odieux supplice.

Mais en même temps combien devait augmenter la tendresse du marquis pour le généreux Montaltière! que ses soins étaient touchans! avec quelle tendre sollicitude il veillait sur Lorédan! Cette admirable conduite lui arrachait de douces larmes, et ce fut en songeant avec délice, qu'il en ferait autant pour lui, que Lorédan chercha enfin le sommeil.

La nouvelle de la disparition des deux cousins s'était répandue dans les environs; et comme tous les châtelains de la contrée, qui avaient assisté à la fête de la prise de possession d'Altanéro, avaient également été les témoins de la scène terrible qui en avait troublé l'éclat, ils avaient vu le noble baron, victime de quelque odieux complot, et chacun s'empressa de le venir féliciter sur son retour et sur ce qu'on appelait sa délivrance.

Quelque plaisir que Lorédan pût éprouver en recevant ces marques d'affection, il ne crût cependant pas nécessaire de faire part à tous les curieux des événemens remarquables qui avaient signalé les dernières journées. Il chercha au contraire à atténuer l'éclat produit par son absence en répétant à tout le monde que son oncle et ses gens s'étaient alarmés à tort d'un voyage secret, entrepris dans le seul but de l'intérêt de ses affaires.

Néanmoins tout ce qu'il put dire, ne donna pas le change à ses amis; ils ne doutèrent pas qu'il ne lui fût arrivé quelque chose d'extraordinaire, et se rejetèrent sur sa discrétion, s'ils n'obtenaient pas les renseignemens et les détails qu'amplifierait sans doute la vive imagination sicilienne.

Il fallut pourtant, si on ne prenait pas chaque châtelain et le baron pour confidens, les recevoir d'une manière amicale, et de nouveau, les rires de la joie, les sons d'une musique harmonieuse retentirent dans les vastes salles d'Altanéro. L'on ne se serait guère douté en voyant la pompe des fêtes, le luxe des repas, que celui qui les commandait, s'était vu naguère sur le point de mourir, faute d'un morceau de pain que voulait lui refuser l'atroce méchanceté de son ennemi.

Tandis que Lorédan ne s'occupait que

du soin de bien traiter ses convives, il ne négligeait pas les précautions exigées par la prudence. Son Sénechal veillait constamment à ce qu'il ne s'introduisît pas de personnes suspectes dans les murailles du château. Avec raison, ils soupçonnaient que les Frères Noirs pourraient chercher à profiter du tumulte occasioné par les fêtes, pour jouer quelque tour de leur metier. Souvent pendant la nuit, le marquis suivi du Sénéchal, se relevait et faisait une ronde sevère dans les divers appartemens et dans les galeries du château ; mais nulle part ne s'offraient des objets de défiance ; on aurait pu croire que les ennemis de Lorédan avaient renoncé à machiner contre lui.

Ainsi que nous venons de le dire, rien de dangereux ne s'était montré durant leurs excursions nocturnes, et Lorédan allait les abandonner, lorsqu'une nuit, en traversant un vaste péristile, il crut apercevoir une ombre se glisser légèrement dans une partie obscure de la colonnade ; à cette vue, il s'arrête, et communiquant sa découverte à son compagnon, ils coururent tous les deux vers l'endroit où l'espèce de fantôme s'était caché.

Ils ne furent pas peu surpris, en s'approchant, de reconnaître dans celui qu'ils prenaient pour un espion, ou pour un assassin, le baron Grimani, qui venait à eux l'épée à la main. Il faut faire observer au lecteur, que pour n'être point dans le cas de donner dans un piège, qu'on pourrait leur tendre pendant les ténèbres, Francavilla et le sénéchal avaient l'un et l'autre revêtu leur armure, et la visière de leurs casques étant baissée, ne permettait pas qu'on les reconnût ; et de cette apparence mystérieuse, naissait l'inquiétude d'Amédéo.

« — Où vas-tu, chevalier téméraire, lui cria Lorédan, toi qui ne crains pas de troubler, par ta course indiscrète, le calme de la solitude. » En même temps, il se découvrit ; et son cousin ayant déjà reconnu sa voix, se hâta de remettre son épée dans son fourreau et de demander pardon à Francavilla de l'avoir pu tirer contre lui.

Le marquis l'excusa sans peine, mais il lui demanda en riant, s'il allait lui aussi, veiller sur les démarches de leur ennemi commun, ou plutôt courir quelque galante aventure.

« Vous vous tromperiez sur tous les points, répliqua Grimani ; après notre soirée au salon commun, j'ai suivi le chevalier Impériali, qui m'a conduit dans sa chambre, avec plusieurs autres de vos convives, et là, il nous a raconté les anecdotes de la cour de France, d'où il arrive tout nouvellement ; ses récits étaient piquans, et nous avons été long-temps sans nous occuper de l'heure indue ; enfin on a songé à se retirer. En revenant chez moi, je vous ai aperçus tous les deux, une lumière à la main, ayant l'air de visiter avec précaution les détours de cette vaste demeure; mon imagination s'est allumée, j'ai craint de voir en vous des émissaires des Frères noirs; alors tirant mon épée, je vous ai suivis doucement jusqu'en cette salle, bien déterminé à épier des démarches qui me paraissaient suspectes. Le reste vous est connu, et maintenant rassuré sur les entreprises nocturnes, je vais chercher le sommeil. »

Lorédan remercia Amédéo de sa sollicitude sur son compte; et ils allaient se séparer, lorsque Grimani le tirant à part : « Je ne puis, mon cher cousin, puisque je vous ai rencontré, remettre à demain de vous apprendre une chose dont peut-être nous pouvons tirer des lumières pour éclaircir la destinée de la jeune villageoise, que je n'ai pas encore oubliée. Le chevalier Impériali prétend que le jour où cette belle personne fut enlevée par des brigands, sous les remparts d'Altanéro, il rencontra dans l'après-dînée, une femme soigneusement enveloppée dans un manteau, conduite à cheval par plusieurs hommes, tous ayant une vraie mine de bandits, et qu'ils prirent le chemin de ..... ville assez voisine de votre demeure; ce récit m'a décidé à partir au jour prochain, pour aller me mettre en quête de ma villageoise, ou du moins de celle qui avait revêtu ce simple costume. »

Lorédan, étonné qu'Amédéo embrassait un espoir aussi peu fondé, n'essaya cependant que faiblement de le distraire de l'envie de courir ainsi les aventures; il lui répondit même si froidement sur ce point, que Grimani en lui-même en fut étonné; et néanmoins il n'en fit rien paraître. Il profita de cette occasion pour charger Francavilla du soin d'apprendre à Mazini ce que celui-ci ne manquerait pas d'appeler une nouvelle incartade, et puis chacun fut chercher le repos de son côté.

CHAPITRE XIX.

Quoique nous ayons négligé de parler de la dame étrangère amenée dans Altanéro par Lorédan, au retour de son voyage de chez les Frères noirs, on ne doit pas croire que ce seigneur l'eût abandonnée ; bien au contraire, il s'empressa dès le lendemain, de monter à son appartement, pour lui demander de ses nouvelles et lui présenter l'hommage de son respect.

Madame la Sénéchale, que Francavilla vit auparavant, lui donna les premiers renseignemens sur l'etrangère ; elle s'était levée tard et ses beaux yeux paraissaient remplis de larmes ; elle demanda une harpe ou une guitare, et elle lui procura l'une et l'autre ; aussi Lorédan ne fut pas surpris, lorsqu'en entrant dans le passage qui aboutissait à son appartement, son oreille fut frappée par les sons mélodieux que des mains exercées tiraient du premier des instrumens.

Le marquis devinant qu'elle allait chanter, s'arrêta pour entendre. Il ne se trompait pas dans sa conjecture ; bientôt l'étrangère élevant la voix fit entendre le chant suivant :

Hélas ! j'aurai donc sans retour
Quitté cette rive embaumée,
Où mes yeux s'ouvrirent au jour,
Où des miens je fus tant aimée.
Tout aujourd'hui vient redoubler
Les maux du destin qui me gène ;
L'amour devrait me consoler,
Et l'amour ajoute à ma peine.

Je descendis sans nul regret
Du rang où j'étais destinée ;
Mon cœur m'offrit le doux attrait
Des plaisirs d'un saint hymenée.
Qu'ils ont su bientôt s'envoler,
Ce rêve et l'espérance vaine ;
L'amour devrait me consoler,
Et l'amour ajoute à ma peine.

Voguant sur la mer en fureur,
Sans effroi je vis sa colère;
Le calme régnait en mon cœur,
Près de l'époux qui sut me plaire.
Loin de lui tout sait m'accabler,
Je cède au malheur qui m'entraîne;
Amour qui dois me consoler,
Viens enfin adoucir ma peine.

Les expressions mélancoliques de cette romance, le chant plus plaintif encore qui l'accompagnait, portèrent également la tristesse dans la belle ame du marquis. Il déplora que pour son intérêt peut-être, les larmes de la dame affligée coulassent en ce moment; aussi ce ne fut qu'avec une morne contenance, qu'il parut devant elle, après l'avoir fait prévenir par la Sénéchale qu'il désirait l'entretenir.

Elle le reçut avec une grâce particulière, avec cet air noble et facile donné par l'habitude du grand monde; elle remercia Lorédan de ses soins, et quand il voulut toucher quelque chose de la peine secrète qu'elle éprouvait, elle garda un silence qui pourtant n'offrait rien de désobligeant. Elle éluda avec adresse le peu de questions auxquelles elle ne voulut pas répondre, et tout ce que put obtenir Francavilla fut la connaissance de son nom.

« On m'appelle Palmina, dit-elle, c'était ainsi que j'étais désignée dans un temps plus heureux; quant à ce qui me concerne encore, je ne puis rien en dire, je dois attendre, pour m'expliquer, la volonté de l'être, notre commun ami. »

Lorédan la conjura de lui faire connaître tous les désirs qu'elle pouvait former, son dessien étant de les satisfaire.

« Hélas, signor, répliqua-t-elle, vous le pouvez bien aisément; je veux du repos, et qu'un mystère continuel enveloppe mon séjour dans cette demeure, dont on m'a suppliée de ne pas sortir; d'ailleurs où pourrais-je aller sans exposer des jours pour moi plus précieux que ma propre vie; j'attendrai donc ici l'époque où votre ennemi cessera de vous nuire, et qui vous mettra dans les bras de votre protecteur. »

Ainsi se termina cette première entrevue, elle fut suivie de plusieurs autres; mais Lorédan ne les multiplia point, n'ayant pas tardé à comprendre que Palmina était contrainte chaque fois qu'il se présentait devant elle. Ses journées se passaient toutes à jouer des instrumens, à lire les curieux manuscrits qui remplissaient la bibliothèque du château; à peindre sur du vélin de précieuses miniatures; quelquefois elle montait sur la cime de la tour la plus voisine de son appartement; et là, sans être aperçue de l'intérieur du château, elle respirait l'air frais de la mer; et la vue des voiles blanches qui parcouraient l'immensité des flots, lui rappelait le voyage dernier qu'elle venait de faire, le beau pays qu'elle avait abandonné, et la tempête furieuse qui devint la cause première de tous ses malheurs.

Le secret de sa présence au château

fut religieusement gardé par le peu de personnes qui en étaient informées, et la vaste étendue d'Altanéro la dérobait facilement aux regards de ces indiscrets qui portent en tout lieu leur inactivité et leur curiosité coupable; du moins dans ce séjour, si elle ne pouvait voir celui qu'elle regrettait, elle n'était pas soumise à la surveillance active de féroces brigands; elle n'avait pas à repousser les insultes grossières, enfin, libre dans sa solitude, les murs qui l'entouraient n'étaient point ceux d'une détestable prison.

Mais rien ne pouvait chasser sa mélancolie, et ses travaux parvenaient à peine à la distraire pendant un peu de temps; la moindre réflexion la ramenait au souvenir de ses peines, et l'amour un peu égoïste ne craignait pas de se plaindre parfois des sacrifices qu'un généreux cœur croyait devoir faire à l'amitié.

La dame sénéchale eût bien voulu causer avec elle plus souvent, mais Palmina, tout en se montrant reconnaissante des soins de la signora Orsoni, n'en demeurait pas plus communicative, et trouvait sans cesse le moyen de faire naître des obstacles à tout projet tendant à l'arracher de sa solitude chérie; il y avait dans ses politesses une telle teinte de dignité et de supériorité, que la sénéchale vit clairement que Palmina avait occupé autrefois un haut rang, et dès cette découverte, elle la traita avec plus de respect, et la tourmenta moins pour la plier à ses habitudes.

Ainsi s'écoulèrent plusieurs jours durant lesquels elle ne reçut aucune nouvelle de celui qu'elle regrettait sans cesse; plus il s'écoulait de temps, plus sa morosité augmentait. Hélas, qu'ils sont heureux ceux qui, servis par leur étoile, n'ont jamais connu les chagrins cuisans de l'absence; cette peine causée par l'incertitude où l'on se trouve de revoir l'objet chéri; le besoin impérieux d'être ramené dans ses bras, d'en parler, d'y penser sans relâche; non jamais on ne fut réellement infortuné lorsqu'on put pleurer ensemble; et lorsqu'aux tribulations de la vie ne se joignit pas celle d'un éloignement plus insupportable encore.

Lorédan, séparé de son Ambrosia, connaissait aussi tous les chagrins enfantés par l'absence; mais les siens devaient avoir promptement leur terme; il était même le maître de les abréger; d'une autre part néanmoins, les menaces que lui avaient adressées les émissaires de ses ennemis ne laissaient pas de lui causer de vives inquiétudes; il redoutait que ces monstres ne voulussent étendre leur mission sur son amante; et l'avenir le tourmentait par l'épaisseur des ténèbres dont il paraissait s'envelopper.

Cependant plusieurs lettres d'Ambrosia le pressèrent de venir à Palerme. Il était assez porté par son cœur à se rendre à de si douces instances; d'ailleurs le 22 du mois s'approchait, et rien au monde ne lui eût fait perdre de vue le rendez-vous qu'on lui avait assigné à cette époque. Il avait mis ordre à toutes ses affaires; les préparatifs de la pompe nuptiale qui devait avoir lieu à Altanéro étaint terminés, il ne lui restait plus rien à faire, et en conséquence il se résolut à partir.

Il eût bien voulu se faire accompagner dans le voyage par Amédéo Grimani. Les périls qu'ils avaient courus ensemble, avaient selon l'usage resserré les nœuds de leur amitié; mais Amédéo était absent, il courait en chevalier errant les contrées voisines pour retrouver une fille qu'il n'avait pour ainsi dire fait qu'entrevoir. Ce signor, tout occupé de ses recherches, n'avait point donné de ses nouvelles, soit qu'il eût négligé de le faire, soit qu'il fût honteux de l'inutilité de ses pas.

Son oncle Mazini, passait les jours de son absence à gémir sur son étourderie; il attribuait tout aux Frères Noirs, leur reprochait les événemens les plus naturels; et si les orages tant ordinaires en

Sicile venaient à fondre sur le château, il avait vu les premières nuées s'élever de la forêt sombre, obéissant sans doute aux commandemens de quelque habile magicien.

Malgré sa colère, il affectionnait particulièrement Amédéo, fils de son frère, comme Lorédan l'était de sa sœur. Il lui destinait la plus grande partie de sa fortune, et l'ayant élevé, il éprouvait pour lui une véritable tendresse; aussi demanda-t-il à Francavilla de demeurer dans le château durant son absence pour y attendre le retour de Grimani, et pour continuer d'exercer une active surveillance sur les apprêts de la noce qui devait y avoir lieu.

Lorédan n'avait garde de se refuser à un désir si légitime; il remit son autorité à son oncle; après lui avoir recommandé personnellement la belle Palmina, il partit escorté d'une partie de ses proches, de ses amis, et d'une foule nombreuse de soldats bien armés. Il avait pris ces précautions, ayant peine à croire qu'on le laissât passer sans tenter quelque entreprise; mais ses craintes se trouvèrent complètement déçues; au calme, à l'apparente tranquillité qui régnait depuis sa sortie du monastère de Santo Genaro, on eût dit que jamais il n'avait eu à combattre d'audacieux ennemis.

La route fut donc sûre; on la fit promptement, mais les fêtes données par les barons, sur les terres desquels on passait, ne permirent pas à Francavilla d'entrer à Palerme avant le matin du quatrième jour; deux lui restaient encore jusqu'à celui qui devait enfin lever le voile dont Ferdinand Valvano avait couvert sa haine.

Nous ne décrirons pas l'entrevue de Lorédan et de son amie; les amans en apprécieront sans doute toute la douceur. Ambrosia avait bien eu quelque connaissance des périls courus par Francavilla; mais lui, au lieu de les augmenter par ses récits, chercha à les diminuer au contraire; il la rassura de son mieux, lui certifiant que la renommée, selon sa coutume, avait singulièrement exagéré la chose.

Ambrosia satisfaite de le revoir, n'eut pas de peine à le croire; d'ailleurs à son âge, s'occupe-t-on d'une douleur qui n'existe plus, quand on est toujours prêt à oublier le chagrin même présent. Francavilla pourtant fut curieux de revoir les tablettes par lui données à son amie, et qu'il avait cru reconnaître dans la corbeille de la villageoise inconnue; il eut, en les tenant dans sa main, la preuve non équivoque qu'il avait été trompé par l'extrême ressemblance de ce meuble avec celui qu'il avait vu ailleurs.

A Palerme, Lorédan trouva des lettres de son roi, Frédéric Ier. Ce monarque, cher aux Siciliens par ses grandes qualités et par sa bravoure, était le troisième fils de Pierre d'Aragon et de Constance de Souabe. Lorsqu'après les vêpres siciliennes, cette princesse fut appelée à venir recueillir une des deux couronnes portées par Mandfred son père, Frédéric s'empressa de la suivre en Sicile, et là, il commença sa carrière par combattre les Français, haïs à cause des crimes de leur roi, Charles d'Anjou. Il fut l'un des plus fermes soutiens de sa famille; après la mort de son frère aîné, et quand Jacques Second quitta la Sicile pour aller régner en Aragon, Ferdinand resta chargé du soin de défendre ce peuple insulaire; bientôt trahi par son propre roi, qui n'eût pas honte de traiter avec ses oppresseurs, et de vouloir le livrer à leur rage. En apprenant ce pacte honteux, toute la Sicile se révolta; elle jugea que son sceptre n'appartenait qu'à celui qui voulait la défendre, et d'une voix unanime Ferdinand le reçut à son tour. Il fut couronné dans la cathédrale de Palerme, le vingt-cinq mars onze cent quatre-vingt-seize; et malgré le nombre de ses ennemis, malgré la trahison de Roger de Loria, son grand-amiral, il sut maintenir son indépendance, et contraindre, après de longs combats, son rival, le roi de Naples, à s'accorder avec lui, et à lui donner sa fille en mariage.

Le père de Lorédan avait vaillamment combattu pour ce héros depuis le commencement de la guerre; et après sa mort glorieuse, car elle eut lieu sur le champ de bataille, il fut dignement remplacé par son généreux fils. Ferdinand Ier. appréciait les mérites du vieux marquis de Francavilla, et après l'avoir regretté, il vit que Lorédan pouvait prendre sa place; aussi se plut-il à combler ce jeune homme de toutes ses faveurs; bientôt elles augmentèrent au point d'inquiéter l'ambition des plus grands seigneurs.

Leurs intrigues pourtant leur apprirent à connaître que Lorédan n'était pas encore dans cet âge où l'amour de la puissance succède à toutes les autres passions; une femme l'occupait plus que l'amitié du monarque; et il eût aimé Ambrosia, si elle eût été la dernière des Siciliennes, comme il la chérissait dans le haut rang où la fortune l'avait jetée.

Le duc Ferrandino était le plus puissant seigneur de toute la Sicile, ses richesses étaient immenses; son influence s'étendait fort loin; déjà plusieurs fois sa famille s'était alliée aux maisons qui, successsivement, avaient régné sur la Sicile; on avait cru même en ce moment que le plus jeune des trois fils du roi voulait s'unir avec Ambrosia, et cette pensée éloignait un grand nombre de concurrens.

On fut donc très-étonné lorsque la nouvelle de l'union de la noble Ambrosia avec Lorédan se répandit; quelques-uns en furent fâchés; mais tout le monde crut réconnaître dans ce mariage la volonté du monarque, se déclarant en faveur de son jeune ami; on dit également que le prince Manfred en témoigna quelque peine; et ce fut pour ne pas l'affliger par le spectacle de son bonheur, que Lorédan voulut transporter d'abord à Palerme la cérémonie de son mariage, et puis à Altanéro, lorsque par le don du prince Montaltière, cette superbe terre fut devenue son apanage.

Les lettres du roi apprenaient à Lorédan qu'il trouvait déjà bien longue son absence, il le prévenait qu'il aurait promptement besoin de lui, et qu'il voulait déposer dans son sein un secret important; en même temps, et par une seule phrase, il se plaignait de la perfidie de Ferdinand Valvano, qui, disait-il, l'avait indignememt trompé dans la mission qu'il lui avait confiée.

Ceci ne devait pas étonner Lorédan, lui aussi avait acquis la triste preuve que Valvano avait trahi les plus chères affections; cependant malgré tout le mal que cet indigne ami lui avait voulu faire, il déplora que non content de tromper l'amitié, il eût voulu se rendre coupable du même crime envers son souverain.

Lorédan garda pour lui cette confidence. Le seul auquel il eût pu en faire part était l'excellent Luiggi ; et celui-ci n'était pas auprès de lui ; mais du moins avait-il l'espérance de le revoir avant peu de temps ; car le 22 approchait, ce jour qui devait fairer briller pour lui une lumière nouvelle.

Auprès du château d'Altanéro, s'élevait celui de Rosa-Marini qui était une possession du duc Ferrandino, et le lieu où ce seigneur voulait conduire sa famille, en attendant l'heure du mariage projeté ; on devait partir de cette forteresse pour aller épouser dans celle de Francavilla. Pour s'y rendre on n'attendait que la venue de Lorédan ; et le duc, dès qu'il l'eût vu à Palerme, fixa le moment du voyage au 22, ne croyant pas que cette résolution pût contrarier son gendre futur.

Lorédan n'en fut instruit que le 21 au soir, et son chagrin en parut extrême ; il éclata sur son visage, et le duc s'en apercevant, lui demanda s'il avait un motif pour reculer cette course.

Francavilla ne repliqua pas d'abord; il ne voulait nullement instruire son beau-père des mystères qui l'intéressaient seul; et néanmoins faillait-il lui donner une raison quelconque pour l'instruire que le 22 il ne pourrait l'accompagner. Heureusement il lui vint dans l'esprit de profiter du secours que lui offrait la lettre nouvellement reçue du roi, et en balbutiant, il dit que des ordres de Fredéric ne lui permettaient pas de sortir le 22 de Palerme.

Le duc jetant sur lui un regard scrutateur, se montra étonné qu'il n'eût pas donné plustôt cette raison, et qu'il eût eu besoin de la chercher. — « Je croyais, lui dit-il, que votre tendresse aurait été impatiente d'avancer le moment de votre bonheur, et maintenant ma fille partira pour Rosamarini, sans que son prétendu lui serve d'escorte. »

— « Assurement, signor, répondit Lorédan, je me fusse empressé de prévenir ce malentendu, si j'eusse pu prévoir votre résolution; mais comme vous ne m'aviez rien dit, j'esperais que vous me prendriez pour conseil dans cette occasion importante; et voilà la cause réelle de mon silence. Ah! que vous lisez mal dans mon cœur, si vous n'y voyez pas une peine réelle, et qui m'accable dans cet instant. »

Un silence assez long succéda à cette conversation. Le duc se flattait que Lorédan, pour compléter sa justification, lui donnerait connaisance des volontés du souverain; mais Françavilla n'avait garde de le faire; il lui eût fallu inventer, et il n'aurait pas osé compromettre le nom de son roi; et le duc se trouva trompé dans son espérance.

Ceci, comme on doit le croire, n'apaisa pas son dépit, et disant à Francavilla qu'ayant fait tous les préparatifs pour son départ, il ne voulait pas le contremander, il s'éloigna, et fut instruire sa fille de ce désagréable incident. Ambrosia de son côté se montra pareillement émue d'une aussi étrange résolution; partir sans le marquis lui paraissait inconcevable. S'il avait eu à essuyer les hauteurs du duc, il lui fallut répondre aux larmes et aux reproches de son amie.

CHAPITRE XIX.

Ambrosia ne pouvait s'imaginer que les ordres du roi dussent l'emporter sur ses désirs; aussi parut-elle en ce moment violemment courroucée contre le marquis. Il vit bien que de sa fermeté dépendait son sort à venir; et malgré son vif désir de suivre une femme idolâtrée, il se crut obligé à persister dans sa résistance.

Ce fut en se jetant aux pieds de la belle Sicilienne qu'il implora son pardon. « Pouvez-vous croire, lui dit-il, que ma peine n'égale pas la vôtre? n'ai-je pas placé tout mon bonheur dans notre amour, et dois-je vous paraître coupable par cela seul que je suis obéissant. Pouvais-je prévoir la volonté souveraine, et votre père n'eût-il pas pu me prévenir à l'avance du jour qu'il voulait fixer pour son départ; en me montrant cette complaisance, nous nous fussions entendus sans embarras; vos beaux yeux ne verseraient pas de larmes, tandis que mon cœur est cruellement déchiré. »

La vérité parlait avec tant d'énergie par la bouche de Lorédan, qu'Ambrosia la première revint sur son compte à de sentimens plus avantageux, et d'une voix moins émue, elle lui demanda s'il tarderait trop à venir la rejoindre.

Non, sans doute, s'écria-t-il, je ne

prolongerai point par plaisir ma souffrance. Je quitterai Palerme dès que j'aurai rempli le devoir qui m'y retient; peut-être sera-ce le 23 du mois; mais assurément ce ne sera jamais plus tard que le 24. »

Ceci acheva de contenter Ambrosia; elle eût voulu que son père consentît à retarder leur voyage de ces deux jours; mais la chose se trouva impossible. Le duc, à ses belles qualités, joignait beaucoup d'orgueil et une susceptibilité excessive. Comme il n'avait pas pour Francavilla l'amour que lui portait sa fille, il se montra plus difficile à contenter, et tout en convenant que sa colère était éteinte, il n'en persista pas moins dans son projet de partir au jour indiqué.

Lorédan comprit qu'il ne fallait pas le presser davantage; il le remercia de ses bonnes intentions, et l'assura qu'il ne tarderait pas à le rejoindre. Peut-être au fond de son cœur n'était-il pas fâché du départ de son amie; sa présence à

Palerme eût pu le gêner au moment précis où il devait être libre, et il portait en lui un désir extrême de parvenir à expliquer les mystères qui le tourmentaient depuis quelques jours.

C'était avec une extrême impatience qu'il souhaitait la venue de ce jour. Long-temps avant le lever de l'aurore, il avait quitté sa couche, déguisant son impatience sous l'envie d'assister au départ de la charmante Ambrosia. Il était déjà dans le grand salon du palais Ferrandino, quand le soleil s'éleva de derrière la cime immense de l'Etna, le roi des monts.

Ambrosia parut charmée de cet empressement de son futur époux; elle y trouvait la preuve que sa tendresse n'était point passée; et que pouvait-elle souhaiter de plus en cet instant? Le duc lui-même se montra bienveillant; il offrit pour la première fois à Francavilla ses regrets sur le malentendu qui les séparait momentanément; et Francavilla le remercia de ses bonnes dispositions, et fut disposé à croire que ce léger nuage ne ferait qu'ajouter de plus forts liens à leur attachement.

Le duc Ferrandino aimait le faste, et ses voyages ne se faisaient jamais incognito. Voulant aller par terre à Losa Marini, il avait fait venir plusieurs détachemens de ses hommes d'armes, des pages, des écuyers, tous vêtus de ses livrées, et superbement décorés. De magnifiques tapis de velours ou de Turquie chargés de ses écussons couvraient les mulets qui portaient le bagage. Ses chevaux brillaient sous leurs riches harnois; des trompettes, des tymbaliers le précédaient et une troupe de suivantes presque toutes jeunes et jolies environnaient sa fille qui par ses charmes effaçait ceux de cette foule de beautés.

Le duc avait fixé à dix heures du matin celle du départ. Un déjeûner somptueux fut préparé à l'avance, et Lorédan invité à en prendre sa part.

Il lui semblait à ce noble marquis que le moment de sa séparation avec Ambrosia devait placer entre eux un voile qui ne se lèverait jamais. Ses pressentimens lui montraient l'avenir sous les couleurs les plus sinistres; et moins il pouvait percer dans la nuit qui l'enveloppait, plus il se figurait que les clartés qui en jailliraient devaient être sanglantes.

Aussi malgré ses efforts pour déguiser cette profonde mélancolie, et pour ne laisser paraître que la peine éprouvée par le léger chagrin d'une absence de quatre ou cinq jours, ses yeux n'en peignaient pas moins un souci sans borne; et Ambrosia le remarquant, le rapporta à l'amour fâché; et plus encore elle aima l'amant qui ressentait sa peine avec une si vive douleur.

Enfin le duc donna le signal, Lorédan se levant tout tremblant se précipita sur la main de son amie, la couvrit de ses baisers, laissant dans ses gestes, dans ses paroles entrecoupées éclater un tel désespoir, que Ferrandino en eut pitié, et fut même sur le point de contremander les apprêts du voyage. Ambrosia de son côté versait d'abondantes larmes, elle cherchait à donner du courage à Lorédan, car elle croyait voir dans son regret le tourment d'un cœur qui s'accuse de ne pas savoir sacrifier les intérêts de son prince aux tendresses de son amour.

Lorédan chercha cependant à se vaincre lui-même, et présentant son bras à Ambrosia, il la conduisit jusqu'à son palefroi. Là eût recommencé une scène plus touchante; mais le duc prit sur lui d'engager le marquis à remonter dans les appartemens du palais pour chercher un voile qu'il disait avoir été oublié par sa fille. Lorédan comprit tout ce que voulait ce désir, il eut l'air d'y accéder, et à peine eut-il monté les premières marches du grand escalier que le cortège partit en toute hâte.

Francavilla l'entendit s'éloigner, ses

genoux soudain fléchirent sous lui; il se vit contraint à s'appuyer contre une colonne pour attendre le retour de ses forces; enfin, surmontant sa douleur, il chercha à se raisonner lui-même, et à montrer combien il avait tort de s'affliger lorsque selon toute apparence la conversation qu'il allait avoir sous peu d'heures, lui ferait clairement eppréciel l'étendue du péril qu'il courait, et de toute manière le rendrait moins redoutable, puisqu'il ne lui serait pas caché.

Après avoir fait ces réflexions, il sortit du palais Ferrandino pour se retirer dans sa demeure. En passant sur la grande place contre un homme de haute taille, de mauvaise mine, et qui en le voyant tressaillit de tous ses membres, Francavilla de son côté fut pareillement ému; il lui semblait reconnaître les yeux la tournure du personnage; et comme cet individu cherchait à ne plus le perdre de vue, il le regarda aussi avec plus d'attention, et une subite inspiration lui fit croire que ce pourrait bien être le prieur des Frères Noirs du monastère de Santo Génaro.

Que pouvait-il faire à Palerme, et dans cette circonstance encore? quoi! au jour où le protecteur de Lorédan devait lui révéler un grand secret, des ennemis de l'un et de l'autre se trouvaient au lieu du rendez-vous. N'y aurait-il pas quelque piége caché dans toute cette conduite, et la méfiance entra naturellement dans le cœur de Francavilla; il revint dans son palais extrêmement troublé au souvenir de la rencontre qu'il venait de faire, bien certain que des méchans avaient deviné ce qui devait se passer.

Dans le premier instant le marquis eut quelqu'envie de renoncer au rendez-vous, d'envoyer un valet à sa place prévenir Luiggi qu'ils étaient épiés; mais bientôt il eut honte de cette terreur, et il se promit de braver le péril sans néanmoins négliger les précautions voulues par la prudence.

Que les heures lui paraissaient longues, jusqu'à celle qui devait le conduire dans la cathédrale. Plus d'une fois, il commanda ses chevaux pour aller faire une course dans la campagne; mais à chaque fois, par un sentiment involontaire, il révoqua l'ordre qu'il avait donné.

Cependant il brûlait du désir de sortir de sa demeure; et, pour se satisfaire, il voulut essayer de se déguiser de nouveau: il revêtit un méchant habit, s'enveloppa d'un manteau plus misérable encore, attacha sur sa figure une épaisse barbe et de longues moustaches; un vaste chapeau couvrait son front; et à sa ceinture pendaient une épée et deux larges poignards. Ainsi se costumaient les bandits de Palerme, ceux qui, pour quelques pièces d'or, ne craignaient pas de se souiller d'un meurtre exécrable.

Lorédan, ainsi déguisé, sortit par une porte secrète de son palais, donnant sur une ruelle étroite et peu fréquentée; il traversa de longs détours, et entra sur la grande place par une rue tout écartée, en se promenant de long en large; il cherchait principalement à retrouver le prieur des Frères-noirs, supposé qu'il ne se fût pas retiré encore ; et, dans le fait, il ne le trouva pas.

Dans le temps qu'il errait ainsi, plusieurs autres bandoleros (c'était ainsi qu'on appelait les gens de sa sorte) vinrent rôder autour de lui, comme pour le reconnaître, et le hasard le servit merveilleusement en cette rencontre; la couleur du vêtement et du manteau, les traits chargés du marquis, sa taille haute; la couleur de son poil et de ses cheveux le rendaient quelque peu ressemblant à un bandolero célèbre, qui, depuis quelque temps, avait disparu de Palerme ; aussi vint-on saluer son Sosie du nom terrible de Bononégro.

Mais Lorédan, tout en s'applaudissant de cette ressemblance, ne se souciait nullement d'entrer en conversation avec des brigands ; aussi, leur rendant leur salut en silence, il se tournait soudain de l'autre côté. Cette conduite ne fit naître aucun soupçon dans l'âme de ses prétendus camarades ; tous, en voyant qu'il désirait être seul, s'éloignaient en disant : *Il va travailler, laissons-le tranquille*, ce qui, en langage vulgaire, signifiait, notre drôle attend son homme, afin de jouer du poignard.

Le marquis pourtant se lassait d'une promenade infructueuse, et il lui vint dans la pensée d'aller visiter les environs de la cathédrale, lorsqu'il aperçut le prieur qui revenait sur la place, accompagné de deux bandits de la forêt, parmi lesquels Lorédan crut reconnaître l'un de ceux qui l'avaient accompagné lors de sa sortie de la forêt sombre ; il ne se trompait pas : c'était le chanteur de romance, Orfano.

Le méchant moine, qui, à son tour, jetait de toutes parts ses regards scrutateurs, ne tarda pas à observer la marche délibérée du bandolero de nouvelle espèce. Il le regarda long-temps attentivement; puis, se penchant à l'oreille d'Ofrano, il lui dit un mot en secret; et ce dernier, quittant le prieur, fut parler à un bandolero occupé à voir jouer à la mourro; celui-ci, détourné de son occupation, et pour répondre à la question qu'on venait sans doute de lui faire, se tourna vers le marquis, fit une exclamation, et parut engager Orfano à aller lui parler lui-même.

Lorédan, tout en ayant l'air d'errer indifféremment, ne perdait pas de vue les menées de ses ennemis; il crut avec joie qu'on voulait l'engager dans la troupe; il ne se trompait point; ce fut avec impatience qu'il attendit Orfano, chargé, selon toute apparence, du soin de lui porter la parole.

Orfano, en effet, ne tarda pas à l'aborder. « Bonanégro, lui dit-il, on parle de toi comme d'un bandolero recommandable, et pourtant tu n'es jamais venu prendre tes grades parmi les bandits de la forêt.

— » C'est, répondit Lorédan, que je n'aime pas à travailler en grande troupe : les chevreuils, les cerfs s'assemblent ; mais les lions, les tigres marchent seuls, et sans compagnie.

— » Je sais bien cela ; mais l'homme seul ne peut pas tout faire ; il est des occasions où d'autres bras lui sont utiles, et les bons coups ne se font qu'en nombreuse compagnie.

» — Je n'en aime d'autre que celle de mon épée et de mes poignards.

— » Ainsi tu refuserais une forte somme si on te proposait de marcher durant une heure sous les ordres d'un habile capitaine?

— » Si c'était un homme de la profession, je rougirais de me laisser conduire par lui ; mais si un signor baron a besoin de moi pour venir à bout d'une grande entreprise, comme, seul, il peut savoir ce qu'il y a à faire, je ne balancerais pas à m'enrôler pour une heure sous son étendard ; mais, avant tout, frère, il faut savoir de quoi il est question, qui me commandera, et contre qui nous marcherons?

— » Ta main.

— » La voilà.

— » Tu jures ?

— » Sur mon âme.

— » Le silence, le secret.

— » C'est dit.

— » Eh! bien, as-tu entendu parler des Frères-Noirs?

— » Qui? ces nouveaux diables qui habitent là bas dans la forêt sombre?

— » Oui, c'est d'eux que je veux te parler; ils ont juré de se défaire d'un marquis que tu connais peut-être, du signor Lorédan Francavilla...

— » Qui épousa hier la fille du duc Ferandino?

— » Il ne l'a pas épousée, je te jure; il ne l'épousera même jamais, ou son compte lui sera fait avant l'heure des noces. »

— » Ainsi c'est de lui qu'il est question; et dois-je le frapper? »

— « Je n'en sais rien encore; voilà cent écus d'or; trouve-toi, à six heures trois quarts, sous le portique de la cathédrale; là je t'instruirai de ce qu'il faudra faire; et, si le succès répond à notre attente, la somme sera doublée. »

Lorédan eût bien voulu refuser la bourse qu'on lui présentait; mais il eût alors éveillé les soupçons d'Orfano; car ce n'était guère l'usage des bandoleros d'agir avec un tel désintéressement, et toujours à l'avance une partie du service était payée; force donc lui fut de prendre cet argent honteux, et en même temps il se promit de le verser dans la caisse des pauvres, placée à la porte de la cathédrale.

Cependant il était impatient de s'éloigner, rien ne lui restait plus à apprendre; il avait la certitude du complot formé contre lui et contre Montaltière, sans doute aussi; prétextant une extrême nécessité de ne pas perdre de vue un Palermitain qu'il dit surveiller, il quitta Orfano, lui promettant de se trouver au rendez-vous à l'heure précitée.

Le bandit de la forêt fut rejoindre le Frère-Noir; Lorédan reconnut à ses gestes qu'il félicitait le prieur de l'acquisition qu'il venait de faire; c'en était assez, Lorédan, après deux autres tours de place, s'évada par une maison qui avait une issue dans une rue voisine, et s'en revint en toute hâte au Palais.

Plus il y avait de danger à se trouver au rendez-vous, plus il eut envie de ne le point manquer; mais en même temps que sa volonté le portait à braver le péril, il crut devoir suivre tous les conseils de la prudence; il fit appeler ses gens, et le nombre en était considérable; les prévint que, vers sept heures, il devait aller faire une visite à l'archevêque, et, en conséquence, leur commanda d'être tous prêts à le suivre.

Il était d'usage, dans les visites de cérémonie, de se faire accompagner de ses écuyers, de ses pages, de ses soldoyers; enfin d'y montrer toute sa puissance par la suite nombreuse dont on était environné. L'archevêque était proche parent de Lorédan, et celui-ci ne douta pas qu'il ne se prêtât à tout ce qui pourrait contribuer à déjouer les complots de quelques détestables ennemis.

CHAPITRE XX.

Outre les précautions dont nous venons de rendre compte, Lorédan se hâta d'écrire à l'archevêque. Il le prévenait que, devant se trouver à sept heures du soir dans la cathédrale, pour y recevoir un avis de la plus haute importance, on lui avait donné pareillement d'autre part la certitude que des ennemis acharnés depuis long-temps contre lui, devaient chercher à profiter de ce moment pour lui arracher la vie. En conséquence, il le priait de donner de son côté des ordres secrets, afin que les portes de l'édifice pussent être fermées à l'instant où il serait nécessaire de le faire ; que d'ailleurs lui, marquis de Lorédan, irait vers les sept heures du soir lui en dire davantage de vive voix.

Francavilla était généralement aimé ; la chose était si véritable, que ses propres parens le voyaient de bon œil. On sait comme cette amitié est rare ; aussi l'archevêque en donna la preuve dans cette circonstance ; alarmé par la lecture d'un écrit qui lui offrait des obscurités, il s'empressa de dépêcher vers Lorédan un prêtre digne par ses vertus de la confiance qu'il lui accordait : cet ecclésiastique devait demander au marquis de plus amples renseignemens et l'assurer que l'archevêque était prêt à le seconder en tout ce qu'il pourrait.

Lorédan alors parla plus clairement à l'envoyé ; il l'instruisit d'une partie de l'affaire, et comme celui qui l'écoutait était un homme de grand mérite, il n'eut pas de peine à lui faire comprendre l'importance du secret, et la nécéessité de ne pas éveiller la défiance des gens qu'on devait présumer être sur leurs gardes, et prêts à tout événement. Le prêtre lui promit que les mesures qu'il prendrait ne pourraient effrayer personne; puis il se retira en convenant avec Lorédan qu'il arriverait vers les dix heures et demie au palais archiépiscopal.

Dans ces diverses occupations, Francavilla passa la journée ; il vit enfin approcher l'instant fatal, et alors passant sous ses vêtemens une cuirasse epaisse, il revêtit un riche costume, ceignit sa brillante épée, et n'oublia pas son poignard.

Déjà il avait vu, des fenêtres de sa chambre, qui donnaient sur la place de son palais, des hommes de mauvaise mine se promenant d'un air tranquille, mais qui épiaient tous les mouvemens qu'on faisait alentour.

Lorédan demeura persuadé que ce devait être les satellites des Frères-Noirs, et plus que jamais, il s'applaudit des mesures de précautions qu'il avait prises; enfin le soleil annonça six heures et demie, et notre héros se décida à partir.

Ses gens le précédaient et le suivaient en foule; il prit le chemin de l'archevéché, suivi dans le lointain par les brigands qui ne pouvaient imaginer où il allait à une heure où l'on pensait qu'il devait se trouver autre part.

Le palais du prélat touchait à la cathédrale. On entrait dans l'église par plusieurs passages donnant dans les appartemens de l'archevéché, et c'était par là que Lorédan devait s'y introduire. Il fut d'abord trouver son vénérable parent, qui, malgré les ordres donnés sous la menace d'excommunication si on ne les observait pas, voulut néanmoins détourner le marquis du soin de pousuivre son entreprise. — « Restez, lui dit-il, j'enverrai un ecclésiastique à l'endroit indiqué ; il cherchera à observer le personnage qui viendra au rendez-vous ; et comme il ne doit s'y présenter que pour vous rendre service, il ne refusera pas de venir vous parler chez moi. »

Lorédan se montra plein de reconnaissance pour une proposition pareille ; mais il ne voulut point y accéder ; il ne savait point si le prince Luiggi consentirait à paraître devant l'archevêque, si cela ne contrarierait point ses projets ; aussi fit-il connaître au prélat la nécessité où il était de se trouver au rendez-vous en personne.

Sept heures sonnèrent en ce moment ; il n'y avait pas une minute à perdre. Lorédan jetant sa toque élégante, en prit une plus simple ; il se revêtit du manteau commun qu'on lui avait recommandé de prendre, et sans plus tarder, il marcha vers le lieu du rendez-vous.

Le soleil s'était couché depuis quelque temps, et déjà les ombres de la nuit commençaient à couvrir les voûtes élévées de la cathédrale, les énormes piliers qui la soutenaient, étaient ensevelis en partie dans les ténébres, et du côté de l'orient offraient déjà un asile à ceux que de mauvaises intentions ou un intérêt quelconque conduisaient dans le saint édifice. Peu de personnes s'y trouvaient; en ce moment quelques lampes allumées çà et là les montraient toutes occupées à de pieux exercices.

Lorédan, non sans un battement de cœur involontaire, s'avançait avec précaution, jetant autour de lui des regards inquiets. Il ne craignait pas ses adversaires sur un champ de bataille, mais le poignard d'un assassin lui faisait horreur. En traversant la nef située en face du sanctuaire, il s'agenouilla, et sa fervente prière s'éleva vers le trône du Très-Haut. Après avoir donné quelque temps à l'effusion de son âme, il se releva, et cherchant la septième chapelle, il arriva enfin au deuxième pilier ; c'était là qu'il devait attendre , et il s'appuya sur son épée, tournant le dos à la muraille.

Le bruit d'une porte éloignée se fit entendre, et le son aigu qu'elle produisit en se fermant, attira toute l'attention de notre héros ; en même temps un personnage revêtu du costume des Frères noirs s'avança, regardant si le marquis se trouvait à son poste, et reconnaissant qu'il était fidèle à ses engagemens, il vint à lui.

Lorédan croyant à sa demarche le reconnaître pour Luiggi , et voulant lui parler, quitte sa position et fait deux pas en avant ; soudain un second Frère Noir s'élance de derrière un banc qui le cachait, il court sur celui qui attendait Lorédan, et lui enfonce un poignard dans la poitrine; le blessé pousse un cri sourd, et tombe sur le pavé.

Lorédan se recule, met l'épée à la main pour fondre à son tour sur l'assassin; mais celui-ci lève son capuce, et à la faveur d'une lampe voisine, fait voir les traits de Luiggi....

Francavilla éperdu n'en demande pas davantage; il acquiert la preuve que son ami, par cette action hardie, l'a sauvé des complots d'un meurtrier. — « Oh! Luiggi, lui dit-il. »

— « Paix, répond le prince, suis-moi, sortons de l'église, tu n'es pas ici en sûreté. »

—« Tu te trompes, répond Lorédan, je suis environné d'une foule de gens qui veillent sur moi. » Il dit, et sans attendre la réponse de son ami, il donne le signal, et ses gens, ceux de l'archevêque, accourent des lieux qui les cachent, et en même temps les portes de l'église sont fermées avec soin.

Tout ceci parut déplaire à Luiggi, il

se hâta de rabaisser son capuce, et faisant quelques pas, fut se retirer dans une chapelle voisine, comme pour se dérober à la vue de ceux qui allaient arriver.

La suite de Lorédan se récria à l'aspect du Frère-Noir étendu sur le marbre, et dont le sang s'écoulait par une large plaie.

Le marquis voulut connaître son ennemi, s'aprocha, leva le voile qui le couvrait, pensant que l'assassin était le père Prieur; mais, ô confusion éternelle! le misérable meurtrier était Ferdinand Valvano...

Un cri d'horreur échappa à Lorédan, il s'empressa de jeter un linge sur la figure de son détestable ami, et ordonna qu'avec le plus grand soin on le transportât dans l'archevêché, sans qu'il se trouvât quelqu'un d'assez hardi pour oser lever le voile dont il l'avait couvert.

Ce soin pris, il chercha autour de

lui le prince Montaltière, pour l'emmener hors de ce lieu, et pour lui dérober cet affreux spectacle; car Lorédan ne pouvait croire que le vertueux Luiggi eût voulu sciemment commettre un fratricide; il pensait avec raison que ce seigneur, enfrappant le Frère Noir, n'avait cru immoler qu'un agent de son coupable frère.

Dans cette pensée, il se rendit dans la chapelle où il avait vu Luiggi se réfugier, espérant l'y rencontrer encore; mais sa recherche fut vaine, il ne le trouva nulle part; il observa que, par plusieurs passages on pouvait s'évader de ce lieu, et il ne douta point que le prince n'en eût profité pour se soustraire aux regards comme au danger d'un premier moment de confusion.

Certain que son ami s'était éloigné sans pouvoir connaître le coup qu'il avait porté, il s'empressa de revenir joindre le cortége au milieu duquel le corps de Ferdinand, placé sur un brancard, cheminait vers le palais archiépiscopal; on l'y transportait en marchant lentement, chacun ignorant encore si c'était l'assassin ou la victime. Lorédan seul au moment de l'action eût pu dire la vérité; mais sa belle âme n'avait garde de le faire, il voulait par ses soins ramener son ennemi à de plus dignes sentimens.

L'archevêque de Palerme, instruit de ce qui venait de se passer, se hâta d'envoyer chercher un homme savant dans l'art de guérir les plaies; il avait longtemps étudié la médecine, la chirurgie, chez les Arabes, et après de longues courses, était venu fixer son séjour dans Palerme, sa patrie.

Cet habile homme s'effraya à la première inspection de la profondeur de la blessure; mais après un mûr examen il prétendit que les parties nobles n'étant pas attaquées par le coup qui avait seulement pénétré bien avant dans les chairs, il pouvait y avoir espérance de guérison.

A cette assurance, la joie de Francavilla fut extrême; il prit à part le chirurgien, lui promit une énorme récompense si ses soins rendaient la vie à l'agonisant, et puis il supplia le prélat de ne laisser pénétrer dans la chambre où gisait Valvano qu'un petit nombre de serviteurs discrets, et se retira.

Son principal désir en cet instant était de laisser ignorer le nom du blessé; il redoutait avec juste raison pour lui la colère de Frédéric Ier, et peut-être Valvano eût-il plus mal passé son temps encore, si le roi eût été instruit du lieu qui le renfermait.

L'archevêque à qui la famille Montaltière et Valvano étaient également chers, donna ses ordres en conséquence; il essaya de détourner la curiosité publique; ce fut sans peine qu'il y parvint; un assassinat n'était pas une chose si rare en Sicile, pour qu'on s'en occupât longtemps. On sut seulement comme une affaire ordinaire, que le marquis Francavilla avait échappé au poignard d'un bandoléro, par le dévoûment d'un de ses amis, et que le coupable était tombé lui-même sous les coups du généreux défenseur de Lorédan.

Celui-ci revint fort tard dans son palais, accompagné par son cortége accoutumé. Nul accident ne troubla sa marche. Il était impatient de se trouver seul, espérant que Luiggi lui donnerait de ses nouvelles; aussi donna-t-il l'ordre à ses gens de laisser venir à lui toutes les personnes qui demanderaient à lui parler.

Mais son attente fut vaine, nul individu ne se présenta. Ce silence affecta Lorédan; il l'attribua, après mille conjectures, à la connaissance enfin acquise par Montaltière du crime involontaire qu'il avait commis. Cette découverte, sans doute, se dit-il, aura brisé son âme, et après m'avoir sauvé, il sera revenu dans sa retraite implorer la clémence du ciel. Mais qu'il doit souffrir d'étranges peines, et que son noble cœur doit lui reprocher le coup funeste qu'il a porté.

Vers les six heures du matin on entra dans la chambre de Lorédan. Il sommeillait vers cette heure, où après de vives inquiétudes, les sens rafraîchis par la rosée du matin s'abandonnent au repos. Il crut qu'on allait lui annoncer la venue de Luiggi, ou tout au moins un message de sa part; il se trompa dans son idée ; ce fut le chirurgien qu'on lui amena.

Lorédan en le quittant la veille, lui avait fait promettre de venir le trouver dès qu'il pourrait laisser le blessé sans qu'il eût à craindre pour ses jours; voulant causer avec lui plus particulièrement, et Derfamo ayant rencontré l'heure favorable, s'était empressé de se rendre à l'invitation du marquis, dont il attendait de brillantes récompenses; il lui apprit que le blessé était dans un profond anéantissement dont il ne pourrait sortir de plus de trois semaines.

Le sang qu'il a perdu l'a affaibli à tel point, dit-il, qu'un long espace de temps s'écoulera avant qu'il puisse ouvrir la bouche ; mais plus sa faiblesse est grande, plus je crois sa vie en sûreté ; il faut seulement multiplier les soins, ne pas les négliger une minute, et dans un mois on pourra lui permettre de parler. »

Cet arrêt prononcé par un homme dont le mérite était reconnu, causa un vif chagrin à Lorédan. Il s'était flatté de pouvoir plustôt parvenir à se faire reconnaître par Ferdinand, à s'expliquer avec lui, à tirer de lui l'aveu du motif de sa haine cruelle ; et maintenant cet espoir s'éloignait étrangement. Le marquis, malgré son envie de finir avec cet ennemi de nouvelle espèce, était trop enclin d'un autre côté à partir de Palerme. Son amour lui commandait impérieusement d'aller rejoindre sa belle ; il lui avait juré de quitter la ville le 24 du mois au plus tard, et une telle promesse s'accordait mal avec les trois semaines au moins que Derfamo exigeait avant de de permettre une explication avec Valvano.

Lorédan garda pour lui les réflexions; il se contenta de remercier le chirurgien de son zèle; lui donna une bourse pleine d'or pour premier gage de ses promesses, et le renvoya en lui recommandant toujours de ne rien négliger pour améliorer le sort du malade, et surtout de veiller à ce que nul étranger ne s'introduisît dans l'appartement où il souffrait.

Dans le cours de la journée, Francavilla retourna chez l'archevêque; celui-ci savait déjà la décision du docteur, et connaissait combien elle devait contrarier le marquis; aussi tout ce qu'il put faire fut de l'exhorter à la patience, et de lui conseiller d'aller à Rosa Marini, où l'amour et les convenances l'attendaient.

C'était aussi la résolution de Lorédan; mais il craignait que durant son absence le malade ne fût pas bien soigné. L'archevêque devait donner la bénédiction nuptiale aux futurs époux; et lui-même, peu de jours après le départ de Lorédan, devait se mettre en route pour aller le rejoindre au château d'Altanéro, où la cérémonie du mariage devait se faire, comme nos lecteurs le savent déjà ; aussi le marquis témoigna au prélat de vives inquiétudes sur ce qui pourrait arriver à Ferdinand durant leur absence.

L'archevêque le rassura sur ce point ; il lui promit de laisser un ecclésiastique intelligent chargé spécialement de veiller sur Valvano, et en qui on pouvait avoir toute confiance ; en même temps il lui apprit qu'il venait d'écrire au couvent de Santo Génaro pour se plaindre de la conduite de l'abbé et de plusieurs Frères-Noirs, les menaçant de porter ses plaintes au tribunal de la monarchie, s'ils ne renonçaient à leurs criminelles menées. « Je m'attends, poursuivit-il, qu'ils me parleront de l'absence de leur supérieur, et je leur enjoins de me faire parvenir la réponse à ma lettre, par le messager qui la leur portera, au château d'Altanéro, où je ne tarderai pas à me rendre. »

Lorédan eût dispensé le prélat de cet excès de zèle; mais comme la chose était faite, il ne lui témoigna pas son opinion à ce sujet; il l'en remercia au contraire malgré ce que tout bas il pouvait en penser. Ayant perdu toute espérance de parvenir à rencontrer Luiggi, il songea à se mettre en route pour Altanéro, espérant peut-être rencontrer en chemin la belle Ambrosia.

On l'avait instruit qu'à l'heure où il se trouvait dans la cathédrale de Palerme, on vit plusieurs bandits de mauvaise mine se promener sous les portiques extérieurs de cet édifice, comme s'ils eussent attendu quelqu'un; mais en voyant les portes se fermer, ils s'étaient empressés de prendre la fuite sans attendre qu'on vînt les charger.

Cette révélation confirma à Lorédan l'existence d'un complot tramé contre lui; il en avait déjà eu la preuve quand le bandit Orphano était venu le trouver lui-même, trompé par son déguisement, pour l'engager à entrer dans la troupe scélérate des satellites des Frères-Noirs; on doit croire que plus vivement dans son âme il reconnut les services de Luiggi, et pensa avec un chagrin extrême qu'il ne pourrait donner de ses nouvelles à Palmina.

Ayant pris congé de l'archevêque, il partit le 24 au matin, à la tête d'une nombreuse escorte, allant vers l'objet de ses amours, et espérant bientôt s'unir par un hymen sacré à une femme digne de toute sa tendresse. Il marchait avec précaution, envoyant toujours au devant de sa troupe des hommes d'armes en éclaireur, ne voulant pas se laisser surprendre par de misérables brigands que, à force ouverte, il n'eût pas redoutés.

Mais la mort de leur chef les avait épouvantés sans doute, car aucun ne se présenta sur son passage. On rencontrait seulement de temps en temps dans le lointain des cavaliers qui avaient l'air d'être placés en védettes; et quand ils voyaient passer Lorédan, ils rentraient dans les défilés dont la route était semée. Leur vue engageait à une perpétuelle vigilance; ils tinrent cette conduite jusque sous les remparts d'Altanéro.

Dès qu'on put être aperçu des hautes tours de cette forteresse, un cavalier qui l'habitait en partit à toute bride pour venir au devant des voyageurs. Lorédan n'eut pas de peine à reconnaître en lui son cher Amédéo; ils s'embrassèrent avec un sincère plaisir, et le marquis lui demanda si ses courses aventureuses avaient eu un heureux résultat.

« Hélas! dit Grimani, ne me parlez plus de mon étourderie, j'ai passé nombre de jours à courir au hasard sans parvenir à obtenir aucun résultat satisfaisant. J'ai pu connaître la dame rencontrée par le chevalier Impériali, ce n'était point mon inconnue; elle marchait librement en la compagnie de ses gens, dont le chevalier s'était exagéré la mauvaise mine. Tout ce que mon voyage a produit de plus clair a été une querelle périodique de mon cher oncle, qui trouva le moyen de la recommencer trois ou quatre fois par jour; aussi j'allais partir pour Palerme, si enfin vous n'étiez arrivé. »

Lorédan lui exprima ses regrets au sujet de ses recherches infructueuses, et lui demanda tout de suite s'il n'avait pas vu le duc Ferrandino et sa fille.

« Ils arrivèrent hier au soir, répondit Amédéo à Rosa-Marini; le matin je me suis empressé d'aller leur rendre mes devoirs; ils m'ont dit que les ordres du roi vous retenaient à Palerme jusqu'après le 22; je n'ai pas voulu les tirer de cette erreur, imaginant que sans doute vous n'aviez pas jugé convenable de leur apprendre la véritable cause de votre prolongation de séjour. »

« — Et vous avez bien fait, mon ami, lui répliqua Lorédan ; il m'eût été trop pénible de leur dévoiler tous les événemens qui m'ont environné depuis quelque temps ; et maintenant plus que jamais je me sais bon gré de leur en avoir fait un mystère. »

« Cependant, reprit Amédéo, tout a dû s'éclaircir aujourd'hui ; vous pouvez lire clairement dans les choses qui nous ont paru surprenantes. »

» Leur merveille a augmenté ; voilà tout ce que je puis vous dire ; j'en sais moins qu'auparavant ; j'ai vu tomber mon ennemi à mes pieds ; mais le secret de sa trame ne m'a pas encore été découvert. » Lorédan devinant sans peine quelle devait être la curiosité de son cousin, lui raconta rapidement ce qui s'était passé dans la journée du 22 à Palerme ; il lui dit comment il avait été sauvé d'une mort certaine (car nous avons oublié de dire, en retraçant la scène de la cathédrale, qu'on avait trouvé un poignard dans la main de Ferdinand Valvano, à l'instant où on l'avait relevé) par l'action hardie de Luiggi. « Hélas, poursuivit Lorédan, mon ami n'a pu sauver mes jours qu'en se souillant d'un fratricide. »

Amédéo frémit en écoutant ce récit; comme Francavilla, il demeura convaincu que Luiggi n'avait cru punir qu'un satellite de son frère; dans le cas contraire, il eût pu avertir Lorédan du piége qu'on lui tendait; mais il ne se fût pas chargé de frapper lui-même le meurtrier.

CHAPITRE XXII.

En causant ainsi, les deux amis parvinrent aux portes d'Altanéro; toute la garnison était sous les armes pour recevoir l'illustre baron ; le sénéchal et le marquis Mazini étaient en tête ; tous les deux félicitèrent Francavilla sur son retour, et se plaçant à ses côtés, rentrèrent en bon ordre dans la forteresse.

Si la soirée n'eût pas été aussi avancée, le marquis eût couru à Rosa-Marini ; mais malgré son vif désir de le faire, il se vit contraint, par les instances de tous ses amis, de remettre au lendemain ce voyage si cher à son cœur. Plusieurs barons et hauts chevaliers l'avaient devancé et lui servaient d'escorte ; tous le complimentèrent affectueusement, et il fallut passer avec eux dans la salle du festin.

Mais avant que le repas fût servi, Lorédan, se dérobant à la joie des convives, prit secrètement le chemin de la chambre de Pālmina ; il lui tardait de voir cette belle personne, et de savoir d'elle si elle n'avait pas reçu quelque nouvelle de celui qui leur était également cher.

Palmina le reçut avec sa gravité accoutumée ; il devina bientôt par sa conversation qu'elle était toujours dans la même incertitude, et il crut devoir la rassurer en lui disant qu'il savait d'une manière certaine que celui qu'elle regrettait se portait bien. Il n'eut garde d'entrer avec elle dans les détails qui eussent pu la troubler ; aussi ne lui dit-il pas un mot des événemens de Palerme, se contentant de lui confier que les nouvelles dont il lui faisait part lui étaient venues par une voie indirecte.

Palmina, renfermée dans sa douleur, ne chercha pas à prolonger la conversation; et pour ne pas ajouter à sa peine, Francavilla lui dit également qu'avant peu il allait s'unir à la femme de son choix. Il craignait, le noble seigneur, de la tourmenter, en lui offrant le tableau d'une félicité qu'elle ne partagerait pas de long-temps; il songea à se retirer après avoir renouvelé à l'étrangère les expressions de son dévoûment et de son respect.

L'aurore, en teignant de ses roses vermeilles les portes de l'orient, trouva debout le marquis Francavilla ; il voulait partir pour Rosa-Marini, et son impatience égalait son amour. Une grande foule de ses convives se joignait à lui; Mazini, Amédéo, furent du nombre, et tous ensemble montèrent à cheval. Le désir de Lorédan lui faisait presser les pas de son coursier ; aussi fut-il bientôt arrivé aux lieux où l'amour l'attendait avec un désir extrême.

Ambrosia, en le voyant, oublia ses légères inquiétudes, et son cœur heureux ne rêva que les attraits de l'avenir. « Vous voyez, s'écria Lorédan, si j'ai voulu manquer à ma promesse. Je me suis hâté de me débarrasser des soins d'un impérieux devoir pour venir où m'appelaient mes plus douces espérances. Oh! chère Ambrosia, avez-vous pu un instant douter de la sincérité de ma flamme?

Ces protestations avaient trop le don de plaire à la jeune duchesse pour qu'elle voulût les voir finir; elle abaissait seulement son céleste visage; une vive rougeur embellissait l'albâtre de ses joues; et de temps en temps, relevant avec rapidité ses paupières à demi fermées, elle lançait de vifs éclairs partant de ses yeux magnifiques, tandis qu'un gracieux sourire agitait sa bouche purpurine.

Mais combien plus éclata encore la rougeur d'Ambrosia, quand Francavilla s'adressant au duc lui annonça la très-prochaine arrivée de l'archevêque de Palerme, et en même temps lui demanda à quel jour de la semaine suivante il voulait fixer celui qui devait éclairer son bonheur.

Le duc, ayant l'air de vouloir réfléchir à une chose qu'il avait déjà parfaitement décidée, promit de rendre réponse le lendemain; ce délai parut un siècle à l'amoureux marquis; mais force lui fut de se soumettre, n'osant pas insister dans la crainte d'alarmer la susceptibilité du duc qui lui était si connue.

Amédéo se présenta à son tour dans ce moment, et rompit une conversation qui aurait pu devenir embarrassante; Ferrandinno fut charmé de pouvoir s'échapper; et Lorédan se rapprochant de son Ambrosia, déplora auprès d'elle ce qu'il appelait son malheur.

La jeune fille voulut avoir l'air de ne pas le comprendre, et sa feinte indifférence désola Lorédan jusqu'à l'heure où il fallut quitter le château. La délicatesse du duc Ferrandinno était extrême sur ce point; il n'eût pas souffert que le fiancé de sa fille reposât avec elle sous le même toît. Francavilla connaissait encore son opinion, et il se décida à reprendre la route d'Altanéro, en se disant en lui-même: oh! quand la longue nuit qui va venir se sera écoulée, je pourrai reparaître sur le chemin de Rosa-Marini.

Ambrosia voulut le voir partir; elle se plaça sur un balcon, et par un geste salua l'amoureux voyageur, qui, cette fois, n'avait garde de piquer son cheval; tout au contraire, il se plaignait de sa vivacité, et cherchait à ralentir la vélocité de sa course.

Le jour suivaint, comme Lorédan l'avait annoncé, il se prépara à faire le voyage de Rosa-Marini, et engagea son cousin Amédéo à le suivre. Grimani, à qui il importait peu dans quel lieu il se trouvât, et tourmenté d'ailleurs par une pensée qui ne le quittait pas, celle de la je une inconnue, consentit volontiers à ce que Lorédan lui proposait.

En approchant du château de Ferrandinno, les amis aperçurent Ambrosia sur le balcon où la veille elle leur avait fait les derniers adieux. « Heureux Francavilla, dit Amédéo, avec une espèce d'impatience, ne pourrai-je jamais voir comme vous un ange de beauté m'attendre avec empressement et avec le même sourire. »

« Pourquoi craignez-vous que la chose jamais ne vous arrive, répondit le marquis? assurément il ne dépend que de vous de toucher le cœur d'une belle; vous avez assez de mérite pour y parvenir facilement. »

« C'est-à-dire, qu'il me sera possible, dit Grimani en souriant, d'obtenir tout ce que je voudrai, hors la chose souhaitée avec le plus d'impatience, celle de posséder la villageoise qui ne peut sortir ni de ma tête ni de mon cœur. »

« Je vous certifie, reprit Lorédan, et vous pouvez m'en croire, que dans l'entrevue où m'appelait Luiggi, j'espérais bien obtenir de lui de précis éclaircissemens sur cette aimable agente dont il s'était servi. Je ne vous avais pas oublié; vos intérêts, mon ami, me sont aussi chers que les autres; mais les événemens, vous le voyez vous-même, ont été loin de me laisser le temps de causer avec ce second frère. A peine l'ai-je vu, et je dois maintenant attendre qu'il veuille consentir à se montrer à moi, pour pouvoir lui faire librement la série des questions importantes que je ne mauquerai pas de lui adresser. »

Amédéo se montra vivement touché de ce que Francavilla venait de lui dire: Il l'en remercia avec une rare chaleur, le conjurant, en temps opportun, de se rappeler sa promesse. « Je ne puis oublier, dit-il, une parole d'un des brigands de la forêt sombre; elle m'a donné matière à de fréquentes réflexions, lorsqu'il disait à ses camarades que vous alliez chercher loin ce que vous aviez près de vous; et c'était de notre villageoise qu'il était question. L'ambiguité des paroles de Négroni me fit croire ensuite que par-là on entendait la tour d'où vous avez enlevé la dame Palmina; mais il me semble que le religieux Luciani vous a dit que cette dame était la seule personne alors renfermée dans ce lieu. »

« Oui, dit Lorédan, il me le dit quand je lui demandai si ma mission se bornait à délivrer une seule victime; peut-être les Frères Noirs avaient-ils dans les environs d'autres prisons que nous n'avons ni visitées ni soupçonnées. »

« Je ferai tant, je vous l'assure s'écria Amédéo, qu'enfin je la retrouverai, dussé-je à force ouverte aller attaquer les Frères-Noirs dans leur odieux repaire. »

« Vous me trouverez toujours prêt à vous seconder dans toutes les expéditions que vous aurez mûrement refléchies, répondit Lorédan ; certes, je ne vous abandonnerai jamais. »

En prononçant ces dernières paroles, ils se trouvèrent aux portes de Rosa-Marini, et la conversation prit fin. Lorédan était plus impatient cette fois encore de voir le duc Ferrandinno que sa fille ; car il devait irrévocablement fixer le jour de son bonheur.

Le duc sourit à l'obstination de Francavilla qui ne le quittait pas d'une seconde, et paraissait lui vouloir parler en particulier. Enfin, ayant pitié de son inquiétude, ce seigneur le prit par la main et l'engagea à passer avec lui dans une autre chambre, demande que Lorédan n'eut garde de lui refuser. Là, quand ils furent loin de tout importun, le duc donna un siége à Francavilla, en prit un lui-même; et ayant gardé un moment de silence. « Signor marquis, lui dit-il, vous me fîtes l'honneur hier de me faire entrevoir votre désir que je fixasse le jour de votre union avec ma fille, la duchesse Ambrosie. J'ai réfléchi sur cette demande importante, et après avoir balancé tout ce qui pouvait ou avancer ou retarder un pareil instant, j'ai cru vous complaire en accédant à votre impatience; ainsi ce sera dans l'automne prochaine que ma fille deviendra votre épouse. »

A ces mots, prononcés avec une imposante gravité, Lorédan se leva précipitamment de son siége. « Grand Dieu! signor, que dites-vous, s'écria-t-il; quoi vous reculeriez d'une si affreuse durée le jour de ma félicité, et vous croiriez en cela me complaire? ah! que vous avez mal interprété mes sentimens? »

« Hé bien, reprit le duc, puisque vous ne voulez point attendre à cette époque, celle de mardi prochain vous satisferait-elle davantage? »

Ici, le marquis comprit parfaitement que l'intention de son futur beau-père avait été de le tourmenter un moment; il se jeta dans ses bras, le remercia avec toute l'effusion de la joie, et lui-même se vit à son regret dans l'obligation de faire une objection contraire à ses souhaits; elle naissait de la crainte de Lorédan que l'archevêque de Palerme ne pût arriver pour ce jour, et sa présence était nécessaire.

Je puis, dit le duc en riant, vous enlever encore ce souci, ayant peu d'instans avant votre arrivée, reçu de ce respectable prélat la certitude qu'il serait ici après-demain. Vous voyez donc qu'en vous fixant la journée de mardi, je le faisais avec connaissance de cause.

L'allégresse dont le cœur de Francavilla était plein avait besoin de s'épancher; il pria donc le duc de lui permettre d'aller apprendre à Ambrosia cette heureuse nouvelle; et ayant eu l'approbation qu'il sollicitait, il se rendit promptement près de sa belle fiancée; elle était alors dans la salle de musique, où sa voix harmonieuse se mariait aux sons d'une harpe sonore, elle chantait une romance nouvellement apportée d'Écosse, par un chevalier de ses parens; et à l'heure où elle allait être heureuse, la charmante fille répétait les expressions de la douleur d'une princesse, de l'infortunée Malvina.

Il est minuit, brillant et taciturne,
L'astre des nuits lance ses pâles feux;
Dans le vallon, seul le hibou nocturne
Trouble les airs de son cri douloureux.
Moment fatal! à cette heure funeste
J'ai vu finir le bonheur de mes jours!
Alfred n'est plus, et son épouse reste,
Fille des rois, sans appui, sans secours.

Brisons le fer instrument de sa gloire,
Et cette harpe où sa main, tour-à-tour,
Se complaisait à peindre la victoire,
Ou les plaisirs que lui donnait l'amour.
O chef vaillant! au printemps de ta vie,
Tu succombas comme une tendre fleur,
Et Malvina, ta noble et triste amie,
S'éteint de même, en proie à sa douleur.

Près du cercueil où mon Alfred sommeille,
Je viens verser les larmes de l'amour,
Pendant la nuit et quand l'aube vermeille
Sur un char d'or ramènera le jour.
Mais dans mes sens un froid mortel pénètre,
Mon cœur-glacé ne bat que lentement.
Pour Malvina le bonheur va renaître;
Elle s'endort auprès de son amant.

Lorédan, comme nous l'avons dit, arrivait auprès d'Ambrosia plein de l'ivresse du contentement, et cette romance lugubre, donnant un nouveau cours à ses idées, plongea son âme dans une subite mélancolie. Une superstition involontaire lui montrait comme un mauvais présage ce qui était sans doute l'effet du seul hasard; malgré lui son cœur tressaillit aux derniers accens, et s'approchant de la jeune duchesse, Francavilla lui dit : « Laissons pour un moment les malheurs de cette amante infortunée; occupons-nous de notre présente félicité. Votre père a fixé le jour d'une prospérité qui sera sans mélange, et mardi prochain je n'aurai plus de vœux à former. »

Ce discours charmait Ambrosia; une vive rougeur colora ses joues, et elle abandonna au marquis une main qu'il pressa contre ses lèvres. « Singulier contraste, dit-elle, entre notre position et les paroles de ma romance; je vais donc voir, pour ainsi dire, dans la même minute, briller les flambeaux de l'hymen et ceux du tombeau; voilà, dit on, la vie, Lorédan ; est-il donc vrai que la mort soit aussi près de la propérité.

Ce n'était point par de telles paroles que le marquis pouvait retrouver sa gaîté; plus que son amante, il pouvait connaître la proximité de l'abîme où la fortune pouvait le plonger, et il était par lui même aussi porté à redouter l'avenir; et dans son imagination, il voyait l'étendard sanglant des Frères Noirs s'élever au milieu des pompes nuptiales.

Cependant, faisant un effort sur lui-même, il essaya de ramener la sérénité dans la belle âme de son amie; il lui parla des heureux qu'ils pourraient faire au moyen de leurs immenses fortunes réunies; il lui dit tout ce que l'amour satisfait peut exprimer; et peu-à-peu Ambrosia rassurée, oublia sa romance pour ne songer qu'aux charmes d'une vie passée avec l'objet de son choix.

Lorédan pour la première fois, quitta Rosa Marini avec moins de chagrin; il pouvait désormais compter les heures de l'attente, et son retour à Altanéro fut plus rapide; il voulait donner les dernières instructions pour son mariage; rien selon lui ne devait être négligé pour ajouter à l'éclat de cette charmante cérémonie.

Le marquis Mazini partageait la joie de son neveu, mais n'en conservait pas moins de secrètes inquiétudes; il ne pouvait croire que les Frères Noirs restassent tranquilles en cette circonstance; et quoiqu'il ne le fit point paraître, il ne se défiait pas moins des complots qu'ils pouvaient machiner. On le voyait allant çà et là sous prétexte de visiter le château, de hâter les ouvriers; mais dans le fait il cherchait à tout voir par lui-même, afin de déjouer de coupables menées s'il parvenait à les découvrir.

Lorédan et Amédéo admiraient la vivacité de leur oncle; ni l'un ni l'autre ne devinaient ses pensées, peut être même les partageaient-ils secrétement; mais comme lui, nul n'avait garde de vouloir les laisser paraître.

CHAPITRE XXIII.

CEPENDANT le jour de la noce approchait. Francavilla ne sortait plus du château de son beau-père, et Amédéo, un jour, ne voulut pas l'y l'accompagner. Depuis long-temps il éprouvait le désir d'aller chasser; il se rappelait que depuis le jour où il avait rencontré la belle villageoise, ce divertissement n'était plus devenu le sien ; il laissa partir Lorédan, et lorsque ce seigneur se fut éloigné, il descendit dans la campagne, escorté de deux écuyers et de quelques valets.

Sa course le mena d'abord vers les lieux dont le souvenir ne sortait pas de de sa mémoire. Il revint sur cette prairie funeste où l'objet de ses pensées lui fut enlevé ; il visita les routes boisées qu'elle avait parcourue sous la conduite de Stéphano ; la chasse fut oubliée; il ne s'occupa plus qu'a se rappeler le passé.

Assurément Grimani devait avoir rencontré dans sa vie des visages autant séduisans que ceux de cette inconnue; mais comme il avait pu les contempler tout à son aise, comme rien d'extraordinaire ne se mêlait au charme produit par une rare beauté, son âme était demeurée tranquille ; et n'avait pas songé à aimer.

Mais, en cette occasion, tout était sorti de la marche commune des choses; une circonstance particulière lui avait montré une jeune fille brillante d'attraits, annonçant, par sa tournure, par ses gestes, ses discours, une naissance qui n'était pas en rapport avec ses habits ; elle avait tout-à-coup disparu, ravie par une troupe criminelle, et, depuis cet instant, son existence était enveloppée d'un profond mystère.

Voilà les filets que l'amour, avec adresse, avait tendus autour du cœur d'Amédéo ; la ruse avait réussi à celui qui sait triompher de tous les obstacles. Grimani aimait ; et plus des traverses s'élevaient entre lui et l'inconnue, plus il se faisait le serment de les surmonter. A l'instant où nous décrivons sa promenade plutôt que sa chasse, il lui vint plusieurs fois dans la pensée de rentrer dans la forêt, d'aller retrouver Stéphano, de chercher, par ses supplications, à lui arracher la connaissance des secrets qu'il s'était obstiné à lui cacher.

Cependant d'autres réflexions contrariaient cette pensée ; il s'exagérait la difficulté qu'il trouverait à faire librement le voyage : pourrait-il reconnaître les sentiers par où il fallait passer ? rencontrerait-il même Stéphano dans sa cabane ? et, dans ce dernier cas, s'il le voyait, ne serait-ce pas en la compagnie de ces abominables bandits ? Il y avait assurément plus que de l'audace à courir vers ces nouveaux périls ; d'ailleurs quels en seraient les résultats ?

pouvait-il espérer d'obtenir maintenant du vieillard ce qu'il lui avait refusé naguère? la position des choses n'était point changée, et n'était-elle pas la même? Luiggi persistait à s'envelopper de mystères; il avait refusé de se faire connaître, puisque, depuis le jour de la scène de la cathédrale de Palerme, il s'était soustrait à tous les regards, et ne venait pas soulever le voile qui le couvrait; dès lors pouvait-on se flatter de faire parler l'un de ses agens? cela paraissait difficile, et peut-être même était impossible.

Dans cette fluctuation d'idées, Grimani se décida d'attendre encore quelque temps avant de prendre une détermination dernière; il voulut croire que le temps, le grand maître de toutes les destinées humaines, viendrait à son secours en lui fournissant des lumières inattendues. Ce parti, momentanément pris, il continua sa course dans les champs, et ne rentra que vers le milieu de la journée.

Pressé par la fatigue de venir changer de vêtement, il écouta peu les nouvelles représentations de son oncle. Le marquis Mazini n'eût pas voulu qu'on sortît du château sans se faire accompagner d'une suite nombreuse; son imagination, perpétuellement alarmée, lui faisait redouter partout les embûches des Frères-Noirs; aussi commençait-il à chapitrer vertement Amédéo sur son imprudence; mais, comme nous l'avons dit, le jeune seigneur, ayant un vif désir de prendre du linge frais, il se hâta d'échapper à la remontrance, et courut dans son appartement.

Ses premiers regards, en y rentrant, se portèrent sur une lettre singulièrement pliée et placée au milieu d'une table en mosaïque; il la prit, et y lisant son adresse sur la suscription, il en brisa le cachet, impatient, comme il était, de lire ce qu'elle contenait.

« Baron Amédéo Grimani, lui disait-on, vos inquiétudes sont connues par celui qui correspond avec vous. Un peu de réflexion eût pu vous enseigner à démêler la vérité, des mensonges sous lesquels on la cache; mais puisque votre aveuglement vous trompe, il faut venir à votre secours. La nuit prochaine, à une heure du matin, trouvez-vous dans le portique où vous fûtes surpris dernièrement par le maître du château ; il y viendra lui-même; faites en sorte qu'il ne vous voie pas; suivez-le en observant le plus profond silence; peut-être par cette conduite prudente obtiendrez-vous les lumières que vous souhaitez de voir briller à vos yeux. »

Amédéo relut plusieurs fois cette épître mystérieuse ; sa première idée fut qu'un ennemi lui tendait un piége en voulant séparer sa cause de celle de Lorédan; et en conséquence il se décida à faire part à celui-ci de l'avis qu'on lui donnait ; mais il ne tarda pas à s'élever de contraires sentimens dans son cœur. On paraissait vouloir le conduire à une importante découverte ; on lui reprochait son opiniâtreté à ne pas vouloir deviner ce qui se passait autour de lui, et le souvenir lui revint alors de cette course nocturne faite par Francavilla dans l'intérieur du château, et dont il crût que le marquis lui avait mal expliqué le vrai motif.

D'ailleurs ne lui offrait-on pas les moyens de parvenir à la connaissance de la chose qui lui importait le plus ; et que pouvait-elle être si, dans ce moment, elle ne regardait pas son inconnue. Ces diverses réflexions le surprirent de telle sorte qu'il oublia l'amitié de Lorédan, ses vertus, sa loyauté ; et, tout en croyant ne céder qu'à un vif sentiment de curiosité, il se rendit coupable du premier de tous les crimes envers un ami, celui de douter de son attachement et de sa franchise. La résolution fut donc prise par lui de se taire au moin jusqu'au lendemain, d'attendre le résultat de la course qu'il prétendait faire durant la nuit suivante.

Le retour de Lorédan, pour la première fois, ne satisfit pas Grimani; il se trouvait mal à son aise devant celui dont il commençait à se séparer; tel est l'effet d'une conduite incertaine, jamais elle ne plaît au cœur qui l'emploie, il s'en dépite lui-même si, par hasard, il n'en rougit pas, tant la dissimulation déplaît à la conscience, tant elle a de mépris pour tout ce qui s'écarte du droit chemin.

Francavilla était le plus heureux des hommes; ce jour-là même l'archevêque de Palerme était arrivé; et, avec lui, venait la certitude que le jour de son mariage n'éprouverait pas de retard. Nous n'avons pas cru devoir parler du voyage de ce prélat; il venait, suivant sa promesse, et ce n'était pas un extraordinaire événement.

L'archevêque parla à Lorédan de son

désir qui lui enjoignait d'aller le lendemain à Rosa-Mariani, visiter le duc Ferrandino et la belle fiancée. Lorédan s'empressa de lui promettre de le suivre, et engagea Amédéo à venir pareillement avec lui. Comme Grimani ne pouvait prévoir ce que pourrait amener la nuit prochaine, il balança à donner une réponse précise; mais son ami le pressa avec tant de chaleur, lui parla avec une telle tendresse que non-seulement il le décida à se rendre à ses désirs, mais encore Amédéo, poussé par une heureuse inspiration, allait faire plus encore, car il était prêt à le tirer à part, et à lui raconter l'incident de la lettre, lorsqu'un propos de Lorédan, que ce dernier répéta plusieurs fois, changea tout-à-coup sa dernière résolution. Le marquis prétendit, à divers reprises, que, comme il devait se lever de très-bonne heure au jour suivant, il aurait besoin le soir de ne pas prolonger la veillée, et il demanda la permission à ses hôtes de lui permettre de faire une prompte retraite.

Ce désir, si en opposition avec ce que Francavilla devait faire d'après la lettre reçue par Amédéo, donna fort à penser à celui-ci, et sa curiosité se réveilla avec une nouvelle violence; aussi retint-il dans son cœur le secret que ses lèvres étaient sur le point de laisser échapper.

En voyant l'archevêque de Palerme, Lorédan, dès qu'il put lui parler en particulier, lui demanda des nouvelles de Ferdinand, et si sa position était empirée.

« — Non, lui répondit le prélat, la science de celui qui le soigne n'a pas été en défaut; Valvano est toujours dans l'état qu'il avait prédit; son pouls est bien, tandis que ses yeux sont couverts de profondes ténèbres et que sa langue est enchaînée; les jours marqués par le chirurgien s'écouleront avant que l'usage de ses facultés lui soit rendu; je n'ai pu par conséquent, tirer de lui les éclaircissemens que j'étais en droit d'attendre. »

Le prélat parlait encore, lorsqu'on lui annonça un messager des Frères Noirs. Comme en ce moment les seuls personnages qui se trouvaient dans le salon étaient Francavilla, Mazini et Amédéo, l'archevêque ordonna qu'on le fit entrer; et quelle dut être la surprise des deux cousins, en reconnaissant dans cet envoyé l'insolent prieur de Santo Genaro, dont Lorédan dans son particulier avait tant à se plaindre. Ils admirèrent l'audace qui le conduisait dans Altanéro; pour lui, affectant une complète tranquillité et le calme de l'innocence, il se prosterna devant l'archevêque en lui remettant les dépêches de son supérieur.

Le prélat, après lui avoir demandé son nom et son emploi dans le monastère, lui commanda de se lever; il prit le paquet pour le lire, n'étant pas médiocrement étonné de son contenu. La première pièce était une lettre du père abbé qui se plaignait respectueusement à l'archevêque de la facilité de ce dernier à écouter les mauvaises impressions que la malignité cherchait à répandre contre lui. Il prétendait qu'à la seule jalousie de plusieurs ordres religieux, leurs concurrens, il fallait attribuer tous les bruits calomnieux dont on outrageait la conduite des Frères Noirs; que ceux-ci, renfermés dans leur couvent, s'y livraient à de pieux exercices, et n'allaient point, ainsi qu'on ne craignait pas de les accuser, poursuivre au loin de prétendus ennemis en s'alliant aux bandits qui désolaient la forêt sombre. Enfin on rejetait sur ceux-ci tout ce qu'on disait des Frères Noirs, prétendant que ces misérables avaient bien pu revêtir un costume sacré pour se rendre plus terribles; et de là, sans doute, naissaient primitivement des bruits, envenimés ensuite par la méchanceté ou la haine, plus active encore.

Un seconde pièce renfermait une attestation signée de tous les dignitaires de Santo Genaro, assurant et certifiant sur leur honneur et leurs âmes, que leur vénérable abbé n'avait pas un seul instant cessé de mériter leur confiance, et surtout n'était point sorti du monastère, ainsi qu'on semblait l'insinuer. Cet acte paraissait authentique; l'archevêque avait vu plusieurs fois ces signatures et ces sceaux; il ne pouvait en particulier ne pas reconnaître celui du père abbé, qui lui était parfaitement connu, comme aussi sa signature. L'abbé n'avait jamais pris le nom de Ferdinand, mais bien de Jacintho, en sorte que malgré sa ferme croyance qu'on le trompait en partie, il crut que Lorédan lui avait un peu exagéré la vérité.

La présence du Prieur ne lui permit pas de communiquer à Francavilla les dépêches qu'il avait reçues; il se contenta, pour gagner du temps, d'inviter le prieur à attendre jusqu'au lendemain la réponse. Mais ce n'était pas le projet du religieux ; il remercia le prélat de son offre, et en même temps lui déclara que l'inquiétude dans laquelle on était à Santo Genaro ne lui permettait pas de prolonger son séjour. On y désire vivement connaître votre réponse ; et je me croirais coupable si je tardais trop long-temps à satisfaire une si vive impatience.

« — Cependant, reprit l'archevêque, le chemin n'est pas sûr durant la nuit, et voilà déjà le soleil sur le point de se perdre derrière l'horizon. »

« — Oh ! répliqua le Prieur, je ne suis pas venu seul, je me suis fait accompagner de quelques soldats employés par le monastère pour le défendre contre une attaque imprévue. »

« — D'ailleurs, dit Amédéo, qui ne put plus long-temps garder le silence, les bandits de la forêt, quoi que le père puisse dire, sont accoutumés à voir les Frères-Noirs circuler parmi eux ; cette habitude journalière a tellement dégénéré en usage, que je ne doute pas qu'au nombre des soldoyers du monastère on ne pût en un pressant besoin y recevoir tous les brigands commandés ou par un Claudio ou par un Orfano ou par un Jacomo même, car pour le Négroni, qui par bonté d'âme sans doute gardait la prison secrète, il a été recevoir dans l'autre vie le prix des services innocens rendus à ces religieux, poursuivis si mal à-propos par une détestable calomnie. »

On doit croire que le Prieur en venant dans Altanéro, avait dû se préparer à quelque attaque de cette sorte; aussi ne laissa-t-il point paraître la plus légère émotion sur sa pâle figure; il se contenta de jeter un modeste regard sur Grimani; mais ne lui répondit pas; car ce n'était pas une question qu'on lui avait faite.

Cependant ce propos engagea l'archevêque à dire au religieux: « J'aime à penser que des ennemis ont voulu nuire à votre monastère; mais pourriez-vous répondre à des inculpations qui vous seraient adressées par les premiers seigneurs de la Sicile; il y en a qui ont eu à se plaindre de votre supérieur et peut-être même de vous. »

« — Monseigneur, reprit humblement le Prieur en éludant la question par une tournure adroite, je pense que toute accusation dirigée contre nous demande à être entendue par notre chapitre entier; il ne m'a pas chargé de prendre sa défense; elle ne me serait pas néanmoins difficile à établir. S'il y a des barons qui ont des plaintes à faire contre nous, ils peuvent les adresser au tribunal de la monarchie; nous ne dédaignerons pas de répondre; jusque-là ce n'est point une lutte particulière que nous engageons; et notre silence répondra à des assertions dont la preuve serait impossible à établir. »

« — Je ne crois pas, dit Lorédan en prenant la parole, qu'il vous fût si aisé d'établir que nul d'entre vous n'a trempé dans des machinations odieuses; on pourrait vous en donner de telles preuves, que vous seriez bien embarrassé pour les détruire; elles ne reposeraient pas sur de vaines allégations, mais sur une attaque formelle faite par ceux-là mêmes qui ayant pénétré dans Santo-Genaro, ont été sur le point d'être les victimes de votre malice. »

« — Je ne sais de qui ont veut me parler, reprit le religieux avec quelque hauteur; nous n'avons pas vu depuis plus de six mois un seigneur recommandable venir à visage découvert dans notre demeure; mais si, poussé par je ne sais quelle envie de contenter une vaine curiosité, il s'est trouvé des indiscrets dont les motifs cachés pouvaient être coupables, doit-on nous en vouloir de nous être mis en mesure de les punir de leurs complots? est-ce par des déguisemens, par des mensonges même qu'on établit la franchise d'une conduite; certes, je me fais une fausse idée de la justice des hommes, ou des griefs fondés sur une intrigue pareille ne serviraient guère à nous faire condamner. »

Le mot de *mensonge* avait paru pénible à entendre à l'impétueux Grimani; aussi, s'approchant du Prieur : « Homme fourbe, lui dit-il, rendez grâce à la robe qui vous met à l'abri de ma juste vengeance; sans elle je vous punirais moi-même de votre insolence présente et de vos crimes passés. »

— « Monseigneur, dit le religieux en s'adressant au prélat, est-ce devant des séculiers que notre cause doit être jugée, et le signor est-il au nombre de nos juges ou de nos accusateurs ?

— » Vous ne tarderez pas à l'apprendre, dit Lorédan profondément blessé, comme son cousin, de l'insulte du Prieur, ce sera devant le tribunal de la monarchie que nous vous ferons paraître, si le ciel enlève de ce monde le premier moteur des excès dont nous avons à nous plaindre. J'ignore par quel motif j'ai mérité sa haine, mais il me la fait cruellement sentir; et vous, qui affectez le ton et le langage de l'innocence, pouvez vous nier de lui avoir servi d'instrument pour me persécuter; n'est-ce pas vous qui, par son ordre, m'avez plongé, à Santo-Genaro, dans un cachot d'où je ne devais plus sortir? n'est-ce pas vous qui, naguère, à Palerme, alliez chercher et solder des assassins destinés à agir contre moi?

— » Monseigneur, repartit encore le prieur, sans cesser de s'adresser à l'archevêque, je ne puis répondre à ces inculpations que devant un tribunal légalement institué; je vous le demande de nouveau, veuillez me donner vos ordres, je les porterai à notre abbé et à notre respectable chapitre. »

L'archevêque, choqué de la manière dont le prieur avait répondu, lui dit: « Je ne suis pas content de vous, religieux, et je suis loin de perdre mes soupçons au sujet de vos confrères; vous avez le premier invoqué la rigueur des lois; eh! bien, je remettrai à elles le soin de vous faire parvenir ma réponse. D'aujourd'hui en un mois je vous cite au tribunal de la monarchie, et vous savez que je le préside.

— » Qui! vous, saint archevêque, s'écria le prieur, et pour cette fois, en écoutant ces paroles, il se montra consterné; je croyais que le chef de ce tribunal auguste était l'archevêque de Messine.

— » Depuis huit jours il ne l'est plus, répliqua le prélat; son âge ne lui permettait pas d'en continuer plus longtemps les fonctions; le roi a daigné me nommer à sa place. Je vous le répète encore, dans trente jours votre accusateur se présentera devant moi; je l'entendrai; vous viendrez vous défendre, et alors le coupable sera connu; vous voyez maintenant si je puis, par une réponse, préjuger, à l'avance, de votre innocence ou de votre culpabilité. »

Le Prieur n'eut garde de répondre; on voyait clairement sur ses traits le trouble de son âme; il balbutia quelques paroles respectueuses, exprimant son désir que l'archevêque ne se laissât pas influencer par des considérations humaines, et se retira en disant à Lorédan, à qui, pour la première fois, il eut l'air de faire attention: « D'après ce que je viens d'entendre, ce sera vous, signor, qui vous porterez notre accusateur; je vous conseille de ne pas manquer, au jour indiqué; votre absence nous serait la preuve que vous n'auriez pu soutenir votre dire, et alors nous serions pleinement justifiés. »

Il y avait, dans ce propos, un ton si amer, que Lorédan en fut troublé; il pensa en lui-même que dès ce moment la malice de ses ennemis allait redoubler afin de l'empêcher de comparaître en personne; mais comme il savait Ferdinand étendu sur un lit de mort, il crut que, durant son inaction forcée, les satellites qu'il employait auraient moins d'activité.

Après que le prieur fut sorti de l'appartement, Mazini s'empressa de blâmer la violence d'Amédéo, qui, le premier, avait commencé l'attaque; mais, pour cette fois, Grimani n'écouta pas son oncle avec le respect accoutumé; il était indigné encore des paroles outrageantes du prieur, et il s'en voulait de ne pas en avoir pris sur-le-champ une vengeance éclatante.

L'archevêque l'apaisa.— « Vous venez, lui dit-il, d'entendre l'assignation que j'ai donnée à vos ennemis; avant peu vous pourrez publiquement les confondre, si les moyens en sont dans votre pouvoir; jusque-là souffrez que nous n'en parlions plus; je dois dorenavant avoir l'impartialité d'un juge, et je la compromettrais en vous écoutant plus long-temps. »

Ces paroles sages finirent la conversation; l'on passa dans la salle à manger; le souper venait d'être servi; et l'écuyer tranchant du marquis Francavilla entra pour l'en prévenir.

CHAPITRE XXIV.

Amédéo, durant tout le repas, crut remarquer, dans Lorédan, une préoccupation qui ne lui était pas ordinaire; celui-ci rêvait effectivement aux choses qui surviendraient de l'assignation donnée par l'archevêque; et Grimani, rapportant tout à son idée présente, s'imaginait que Francavilla songeait à ce qu'il devait faire durant la nuit qui avait déjà commencé; aussi ne se lassa-t-il pas d'examiner toutes ses démarches, et il le vit s'échapper du salon bien long-temps avant l'heure accoutumée de sa retraite; pour lui, il ne quitta pas ses compagnons; il savait le moment précis où sa course devait commencer.

A minuit il se retira avec les derniers convives; chacun passa dans son appartement; déjà la plus grande partie des habitans du château étaient couchés; les moins diligens ne tardèrent pas à le faire, et peu de temps après le silence régna de tous côtés.

Grimani écoutait attentivement le bruit des portes qui, se fermant avec fracas, retentissaient dans les vastes galeries; il voyait de sa fenêtre les lumières s'éteindre successivement; enfin, un calme général annonça que le sommeil régnait en souverain dans les murailles d'Altanéro.

Ce fut alors qu'il sortit de sa chambre, vêtu d'une tunique sombre, ayant quitté ses brodequins, afin de faire moins de bruit, et muni seulement de son épée; il avait assez de connaissances de tous les êtres du château pour pouvoir le parcourir sans lumière; il se rendit dans le portique, comme on le lui avait recommandé, et à l'instant où il y pénétrait, une pensée soudaine vint le faire frémir.

Amédéo se rappela la visite faite naguère par le père prieur; peut-être le billet reçu par Amédéo était-il une des ruses employées par cet astucieux personnage, pour l'attirer hors de son appartement et le livrer au poignard d'un assassin; il s'arrêta, mit involontairement la main sur la garde de son épée; puis, ayant honte de cet effroi, il continua sa route jusqu'à ce qu'il fût arrivé auprès d'une colonne, et là il établit son séjour.

Il ne resta pas long-temps en embuscade; un bruit lointain de pas se fit entendre, et une lueur éclaira faiblement les ténèbres profondes dont Grimani était entouré; elle augmenta d'étendue, et enfin, s'approchant toujours, elle lui permit d'apercevoir le marquis Francavilla, une lampe à la main, accompagné du concierge en chef d'Altanéro, qui portait un panier et une bouteille.

Ce spectacle piqua la curiosité de Grimani, et il ne rougit pas, tant cette funeste passion a de force, de chercher à surprendre les secrets de son cousin; il le laissa d'abord passer, puis doucement le suivit par derrière, impatient de connaître le but de ce voyage nocturne.

Lorédan et son compagnon se rendirent d'abord à une porte qui donnait dans une suite de chambres qu'on n'habitait point; ils y entrèrent, et Amédéo entendit le marquis donner l'ordre au concierge de refermer soigneusement cette porte; mais on lui obéit mal, car elle demeura seulement poussée. Amédéo, charmé de cette circonstance, y pénétra après eux; ils cheminèrent à travers plusieurs pièces ornées avec une telle magnificence, que Grimani parut surpris qu'on ne les employait pas.

Au bout de ces appartemens, et dans un petit cabinet, le concierge souleva une tapisserie qui laissa entrevoir une porte que jusqu'alors elle cachait entièrement; on la tira à soi, et après elle était un escalier qu'on descendit.

Ces degrés conduisaient dans une partie des souterrains du château, que l'on traversa dans toute leur étendue. Amédéo eut peu le temps de les examiner; il donnait toute son attention à ne pas perdre de vue les gens qui cheminaient devant lui. Ils continuaient toujours leur route, et enfin une dernière porte étant ouverte, fut pour cette fois soigneusement refermée par eux, et les efforts d'Amédéo pour l'ouvrir devinrent complètement inutiles.

La sagesse alors lui vint conseiller de ne pas demeurer plus long-temps dans ces voûtes isolées; il pouvait, au retour de Lorédan, être rencontré par lui, et pour cette fois il n'aurait pas été excusable; aussi chercha-t-il à tâtons à retrouver son passage. Il erra au hasard dans ces souterrains immenses, et peut-être s'y serait-il égaré, si le dernier rayon de la lampe de Lorédan ne fût venu lui montrer l'escalier qu'il fallait monter, assez à temps, pour que l'éloignement du marquis ne lui permît pas de s'apercevoir qu'on l'avait suivi dans ce lieu.

Après avoir trouvé cette première issue, le reste ne présenta pas de grandes difficultés à Grimani ; ayant rapidement franchi l'escalier, il parvint dans les chambres inhabitées et là, il eut pour se conduire la clarté de la lune qui brillait au travers des fenêtres, la plupart sans contrevens, suivant la coutume de l'Italie. Il put donc rentrer dans la grande galerie, parcourir en liberté le portique et revenir dans sa chambre, bien long-temps avant que Francavilla y fût arrivé.

Grimani avait conservé de la lumière ; son flambeau brillait encore ; mais, ô surprise ! en sortant, il l'avait posé sur la cheminée, et maintenant il se trouvait sur la table de mosaïque, dont nous avons déjà parlé. On était donc entré dans sa chambre; cette pensée le troubla ; il la parcourut attentivement pour chercher à surprendre celui qui aurait pu s'y cacher, et decouvrir l'issue secrète par laquelle il se serait introduit; mais il se rappela qu'en sortant il n'avait pas fermé la porte, et sa perquisition n'ayant produit aucun résultat, il se crut en sûreté.

Ses pas le ramenèrent au pied du flambeau. En s'approchant, il crut voir un papier sur la table; il avança davantage, et alors il le vit plus clairement; ces mots y étaient écrits: *Si Amédéo parvient à découvrir quelle est la personne que Francavilla allait visiter, tous ses désirs seront remplis.*

Certes, il n'en fallait pas tant pour animer le jeune homme plus que jamais; il se promit de pousser à bout son entreprise; et puisqu'on ne l'avait pas trompé par le premier billet, peut-être le second serait-il également conforme à la vérité. Ce fut dans ces idées qu'il se livra au sommeil, et le jour brillait avant qu'il eût ouvert sa paupière.

Un bruit qu'on faisait à la porte de la chambre l'arracha au sommeil; il demanda ce qu'on lui voulait, et son écuyer vint lui apprendre que Lorédan lui envoyait dire que s'il voulait venir à Rosa-Marini il n'avait pas de temps à perdre pour se lever. Ce n'était pas l'intention de Grimani d'aller accompagner son cousin; il voulait au contraire passer la journée dans Altanéro, afin de trouver le moyen de contenter sa curiosité impérieuse.

Se trouvant dans ces dispositions, il fit répondre à Lorédan qu'étant très-fatigué de la chasse de la veille, il avait besoin de repos, et qu'il le priait de l'excuser s'il ne montait pas à cheval avec lui. Francavilla, tout occupé de son amour, ne donna pas une grande attention à cette réponse ; il la prit pour ce qu'elle avait l'apparence d'être, et il ne songea nullement à venir lui-même tourmenter de nouveau Grimani.

Celui-ci tranquille dès-lors dans son lit, se mit à rêver au moyen de mener à bout son entreprise, excessivement délicate ; il ne se dissimulait pas que le plus grand secret lui était absolument nécessaire : ce n'était pas d'un ennemi qu'il voulait surprendre les mystères ; rien ne pouvait l'autoriser à agir comme il voulait le faire dans la maison de son ami ; vingt fois son cœur lui cria de changer de conduite, mais plus souvent encore les paroles du dernier billet vinrent le raffermir dans son indiscrète résolution. Peut-être allait-il faire une importante découverte, et elle devait être telle, puisqu'elle devait remplir tous ses souhaits. Ne fut-il pas jusqu'à se figurer, cet impétueux jeune homme, que sa belle villageoise était mêlée pour quelque chose en tout ceci.

Mais en même temps qu'Amédéo se résolvait à suivre son projet, il ne voyait pas comment il pourrait parvenir à ses fins; ce n'était point d'abord durant la nuit qu'il lui serait facile de pénétrer dans les appartemens où Lorédan pouvait alors venir le surprendre; le jour était plus favorable à ce dessein. Mais comment entrer dans un lieu placé au milieu d'une galerie assez fréquentée, sans éveiller les soupçons? et d'ailleurs avait-il les clefs nécessaires à cette tentative?

Une autre manière d'agir se présentait à lui; elle avait aussi d'immenses difficultés: il eût fallu gagner le concierge, et pouvait-on espérer de le faire? Ne devait-il pas être un homme incorruptible? Eût-on donné ce poste, tant de confiance, à quelqu'un dont la moralité n'eût pas été connue? Amédéo rejeta d'autant plus ce parti, qu'il ne tarda pas à se rappeler que le prince de Montaltière, en donnant Altanéro à Francavilla, avait recommandé à ce dernier, d'une façon particulière, le concierge, comme au-dessus de toute séduction, et dont la fidélité avait été long-temps éprouvée.

Ces divers pensées occupèrent Grimani jusqu'au moment où il dut se rendre dans la salle à manger ; il se hata, car l'heure était déjà un peu passée ; et ne sachant pas si son oncle était parti avec Lorédan, il craignait ses reproches ou sa mauvaise humeur.

Voilà qu'en traversant un sombre passage qui abrégeait le chemin, et que, par habitude, il prenait ordinairement, un homme vêtu de la livrée de Francavilla, mais dont l'obscurité ne lui permit pas de reconnaître la figure, s'approche de lui, cherche sa main, y dépose un corps froid et pesant, puis s'échappe par une porte voisine qu'il referme derrière lui.

La première pensée de Grimani fut qu'on lui avait voulu porter un coup de poignard, et que l'assassin, ou surpris, ou épouvanté avait fui en laissant dans sa main l'arme meurtrière. Mais un simple coup d'œil jeté sur ce qu'on lui avait remis, lorsqu'il se fut approché d'une croisée, lui prouva son erreur: c'était une clef longue et massive.

Amedéo ne put d'abord soupçonner ce que ce pouvait être, et à quel but on lui faisait un pareil présent. Il s'avançait toujours machinalement vers la salle à manger, se creusant la tête pour deviner ce que cela voulait dire : tout-à-coup, il vint à penser au billet mystérieux, et par une suite rapide d'idées, son esprit vint lui dire que cette clef pouvait bien être celle des appartemens abandonnés. On doit deviner quelle impression fit naître en lui cette conjecture: il brûlait de la vérifier; mais il n'était plus à temps de le faire; plusieurs de ses compagnons l'avaient aperçu de la salle à manger, et on venait vers lui;

tout ce qu'il put faire, fut de cacher soigneusement la clef dans son sein.

Le marquis Mazini n'était point parmi les convives ; il avait été avec Lorédan et l'archevêque de Palerme à Rosa-Marini ; son absence charma Amédéo ; il espéra dès-lors, avec quelque certitude, ne pas être dérangé dans l'exécution de son projet.

Dès qu'il put échapper à la compagnie, il s'empressa de revenir dans sa chambre ; et là, prenant un flambeau avec ce qui était nécessaire pour l'allumer, il fut se promener dans la grande galerie, attendant le moment où il pourrait, sans éveiller les soupçons, s'introduire dans les appartemens abandonnés.

La chose ne tarda pas à lui être facile ; le passage des gens du château cessa à l'heure où ils allaient prendre leur repos ; et, se voyant seul, éloigné de tout curieux, il chercha à s'assurer si la clef qu'il portait était réellement celle de la porte fermée... On ne l'avait pas trompé : il put l'ouvrir ; et, l'ayant soigneusement refermée après lui, il se trouva enfin hors de la vue de ceux qu'il pouvait redouter.

Ainsi que nous l'avons dit ailleurs, les diverses chambres n'étaient point obscures ; la clarté pouvait y pénétrer par les croisées, et Amédéo put à son aise les parcourir ; il admira leurs dimensions extraordinaires, la magnificence de leurs décorations, et plus le luxe frappait ses regards, moins il pouvait se persuader que, sans un motif particulier, on eût pu consentir à ne point employer ce somptueux appartement, surtout dans une circonstance où la foule de visites qui encombraient le château rendait les logemens étroits ; cela le confirma dans la pensée qu'on avait le besoin de s'y conserver un facile et journalier passage.

La chambre du lit, les deux salon qui la précédaient, étaient encore mieux ornés que le reste, s'il était possible ; on y admirait la pompe fastueuse déployée par les princes Montatière, dont ils paraissaient avoir été la demeure ; et Amédéo ne réfléchissait pas que cette raison était précisément celle qui avait détourné Francavilla de s'en servir.

Il ne songeait alors qu'à la découverte qu'il allait faire, cet inconsidéré Amédéo ; et malgré son désir d'examiner avec plus de soin les tableaux, les riches tentures, les meubles précieux exposés en foule devant lui, il précipita sa marche pour parvenir dans le dernier cabinet où était la porte cachée derrière la tapisserie ; lorsqu'il l'eut retrouvée et ouverte, il s'arrêta, battit le briquet qu'il avait apporté, alluma son flambeau, et se mit intrépidement à descendre vers les souterrains du château.

La première fois qu'il les avait parcourus, il avait été guidé dans sa course par les individus qui le précédaient; et maintenant il fallait se démêler soi-même dans les innombrables détours de ces voûtes, en partie bâties et en partie creusées simplement dans les rochers par la mer, qui, autrefois, y avait séjourné; on entendait encore gronder contre les murailles, cette mer impétueuse; on eût dit, qu'outragée des obstacles qu'on lui opposait, elle voulait pénétrer encore dans les sombres cavernes qui furent autrefois sa création ou sa conquête.

Cependant Amédéo, servi par son opiniâtreté, surmonta tous les obstacles; ne se lassant pas de chercher, il parvint, après nombre de pas infructueux, vis-à-vis de la porte où naguère Lorédan, en la refermant, avait trompé sa curiosité. Ici une nouvelle crainte s'éleva dans l'âme de Grimani; il redouta, n'ayant point de clefs, de ne pas pouvoir vaincre cet obstacle; mais, en regardant, avec soin autour de lui, il aperçut contre un pilier voisin plusieurs clefs jointes ensemble par une petite chaîne de fer; il s'en saisit avec joie, bien persuadé que dans le nombre devaient se trouver non-seulement celle dont il avait besoin à cette heure, mais les clefs qui lui deviendraient nécessaires dans la suite.

Il ne fut en rien trompé dans ses conjectures; après avoir essayé plusieurs des clefs qu'il tenait, il renontra celle qui ouvrait la porte, et vit alors avec surprise plusieurs degrés qu'il fallait monter; il en compta quatorze; comme il allait les franchir, il crut entendre marcher derrière lui; il tressaillit, s'arrêta, et en même temps la porte des souterrains fut poussée avec violence.

Passer son flambeau dans sa main gauche, tirer vivement son épée, furent ses plus prompts mouvemens; il attendit dans cette posture que ceux qui l'épiaient se présentassent; un espace de temps qu'il trouva horriblement long s'écoula sans que personne parût; et alors il se décida à revenir vers la porte, pour s'assurer si on l'avait fermée; mais à l'instant où il posait son pied sur le second degré, la porte s'ébranla de nouveau, et, coup sur coup, frappa deux fois son cadre.

Ce nouveau bruit apaisa subitement l'effroi qui avait pris naissance dans le cœur de Grimani ; il comprit que le vent était pour lors le seul ennemi qu'il avait à combattre ; et pour qu'un bruit aussi considérable ne fut pas entendu, il revint à la porte, et l'arrêta au moyen d'un crochet qu'il remarqua de son côté.

Ce soin prit, il poursuivit son chemin, remonta l'escalier, et, ouvrant plusieurs autres portes qu'il trouva successivement, il se vit dans une galerie creusée entièrement dans la carrière de pierre, sur laquelle le château d'Altanéro était bâti.

Une grille de fer fut le dernier obstacle qui se présenta; elle le laissa pénétrer dans une salle assez bien meublée, qui était, durant le jour, éclairée par deux ouvertures ingénieusement pratiquées dans le rocher, et dont on ne pouvait, du côté de la mer, soupçonner l'usage; dans un angle on avait placé un lit sur lequel paraissait reposer une femme.

A cette vue, Amédéo s'arrêta; il craignit, dans le premier moment, d'avoir surpris un secret qui intéressait personnellement le marquis, et il songea à se retirer avant que la personne assoupie pût avoir connaissance de sa venue dans sa chambre; mais un second regard lui faisant remarquer un costume peu ordinaire, il fit un pas en avant, et alors la flamme de son flambeau éclaira tous les traits de la belle villageoise, cet objet de l'amour et de toutes les recherches de Grimani.....

Une exclamation terrible que lui arracha une inconcevable surprise, vint troubler le sommeil de l'inconnue; elle ouvrit ses beaux yeux, et, à son tour, un cri d'effroi lui échappa, à l'aspect d'un cavalier qu'elle voyait, elle aussi, pour la première fois, et qui tenait dans sa main une épée nue; elle se leva en toute hâte du lit sur lequel elle s'était placée toute vêtue, et demanda rapidement, et avec un accent inexprimable de terreur, si le marquis Francavilla avait ordonné qu'on lui arrachât la vie.

« Non, signora, répondit Amédéo en replaçant son épée, Lorédan n'a pu donner un ordre aussi détestable; et, grace à Dieu, s'il l'eût fait, il ne m'eût pas choisi pour le remplir ; non, vous n'avez rien à craindre de moi ; je suis au contraire le plus humble de vos serviteurs; et désormais, je l'espère, je saurai, à ce titre, joindre celui de votre libérateur; mais, avant tout, apprenez-moi par quelle fatalité vous êtes prisonnière dans un château où tout devrait vous obéir, et qui peut vous faire présumer que le marquis Francavilla, dont vous avez mérité la reconnaissance, puisse jamais paraître au rang de vos odieux persécuteurs.

— » Eh! qui pourrait m'en faire douter, répliqua la belle inconnue; n'est-ce pas lui qui me persécute avec une violence inimaginable? ne cherche-t-il pas à m'arracher un secret que ma délicatesse ne lui confiera point, et ne m'a-t-il pas fatiguée par les protestations d'un amical attachement? »

« — Ce que vous me dites, signora, répondit Amédéo, me prouve que vous êtes dans l'erreur; quoi! Lorédan, le noble Lorédan aurait pu essayer à surprendre votre vertu alors que l'amour s'apprête à le couronner de la plus brillante manière, alors que la jeune duchesse Ferrandino va lui donner sa main? assurément vous vous trompez, madame, et mon ami ne peut-être coupable à ce point.

» — Si vous êtes son ami, signor, je vous plains vous-même, car il vous trompe si vous n'êtes pas corrompu comme lui; vous dites qu'il ne pouvait m'entretenir de sa passion condamnable, eh bien! la nuit dernière encore il me contraignait à l'écouter.

« — Quoi, signora, vous avez vu tout nouvellement Francavilla ? »

« — Oui, je l'ai vu, je vous répète, accompagné du concierge, son détestable agent ; il m'a quittée le désespoir dans l'âme, et justement effrayée par ses menaces, j'ai cru, en vous apercevant près de moi, votre épée à la main, que vous aviez reçu de lui la commission d'attenter à ma vie. »

Cette jeune personne lui parlait avec tant d'assurance, elle précisait les faits d'une façon si particulière, lui-même d'ailleurs ayant suivi Lorédan, avait la certitude que durant la nuit dernière il avait pénétré dans ces cachots. Ces diverses impressions le plongeaient dans une profonde inquiétude ; il ne savait à quoi s'arrêter, et ses indécisions le rendaient plus malheureux.

« — Excusez-moi, signora, dit-il à la belle villageoise, si je me permets de vous interroger ; si, avant de prendre hautement votre défense, j'essaie de jeter un peu de jour sur une aventure qui me paraît maintenant bien obscure ; je dois remonter un peu loin, et je me flatte que vous ne balancerez pas à m'éclaircir les choses qui me semblent obscures ; ce n'est pas d'aujourd'hui que j'ai le bonheur de vous connaître ; vous vous étiez, il y a un mois, offerte à ma vue, et à ce moment j'étais loin de m'attendre que la Providence, en nous séparant après tant de contre-temps, nous réunirait dans les profondeurs de ces souterrains ; vous ne pouvez avoir oublié le jour où sortant de la forêt sombre avec le veillard Stéphano, vous traversâtes plusieurs bosquets avant de parvenir à la prairie située devant Altanéro. Ce fut là que je vous rencontrai, j'eus même le plaisir de vous entendre parler avec votre conducteur, et les charmes répandus sur toute votre personne me donnèrent le vif désir de vous connaître mieux. Le ciel trompa mon espérance ; des brigands que je ne pus punir vous ravirent à mes yeux ;

ce fut pour chercher à vous délivrer de leurs mains criminelles que j'ai parcouru sans succès en la compagnie du marquis de Lorédan la forêt sombre et le monastère des Frères-Noirs. Sorti de ces lieux après d'innombrables périls, j'ai couru sans succès la campagne voisine, mais jamais quelque intérêt que j'attachasse à vous retrouver, je n'eusse pu m'imaginer que c'était dans ces lieux que vous étiez prisonnière ; comment y avez vous été amenée ? depuis quel temps y gémissez-vous dans les fers ? »

Ce discours fut prononcé avec une chaleur que les vifs regards d'Amédéo rendirent plus aimable ; la belle inconnue devina aisément la cause de cet intérêt ; une prompte rougeur colora son visage, et son sein agité annonça l'oppression de son âme.

« — Je ne vous dissimulerai rien, signor, reprit l'inconnue, de ce que je puis vous apprendre sans fausser les sermens que j'ai fais ; je suis donc obligée, pour ne pas manquer à ma promesse, de taire l'histoire de ma vie jusqu'au moment où vous m'avez rencontrée. Il vous suffira de savoir que le moment était pour moi solennel; j'allais remplir un devoir bien cher à mon cœur, puisqu'il s'agissait de complaire à une personne à laquelle la reconnaissance et le devoir m'ont liée à jamais.

» Vous vites combien le marquis Francavilla m'était étranger, puisque vous-même avez entendu mes paroles. Hélas! je courais vers lui en pleine tranquillité; je ne me doutais pas que cet homme, dont je devais attirer l'attention pour l'enmener en un lieu où de grands secrets lui devaient être révélés, se montrerait tout-à-coup à son tour le plus acharné de mes persécuteurs.

» D'après l'instruction qu'on m'avait donnée, je chantai une romance dont les paroles étaient telles qu'il devait en l'écoutant désirer vivement de me parler; s'il l'eût fait, j'avais l'ordre de l'engager à venir dans la forêt, en la cabane de Stéphano, où un ami désirait s'entretenir avec lui; mais si par hasard il eût refusé de me suivre, des tablettes, qui se trouvaient dans une corbeille de fleurs, devaient être alors le talisman qui eût levé toutes les incertitudes; il y avait dans un lieu secret un papier dont la lecture n'aurait pas manqué de le rendre plus docile à mes instructions; il parut à sa fenêtre, ainsi qu'on l'avait espéré; j'étais si trouble qu'à peine si je songeai à le regarder; je lui fis le signe convenu; il disparut et venait me rejoindre, lorsque plusieurs brigands m'environnèrent en débouchant de divers côtés; je voulais m'enfuir; la chose me fut impossible. Stéphano ne se montra point; malgré ma résistance il me fallut céder au nombre; on m'entraîna vers un cheval, et je tombai dans un profond évanouissement. Il dut être long, car je ne repris mes sens que dans cette triste demeure; je me trouvai couchée sur ce lit; seule, sans secours et paraissant prisonnière, hélas! vous devez imaginer quel dut être mon désespoir. On avait eu soin de placer auprès de moi plusieurs provisions, et je me vis condamnée à une étroite captivité; quatre jours et quatre nuits se passèrent dans cet état; mes larmes ne cessèrent de couler. Cependant une plus pressante inquiétude vint se mêler à ma douleur; mes vivres tiraient à leur fin, et je pouvais redouter une mort affreuse si j'étais abandonnée de mes persécuteurs. Vers le milieu de la quatrième nuit cette terreur fut dissipée. Deux hommes ouvrant cette grille, pénétrèrent jusqu'à moi; l'un était le concierge d'Altanéro, l'autre en était le barbare maître. « Elphyre, dit-il en m'abordant, je sais votre nom et connais qui vous êtes; votre protecteur qui est mon ami m'a instruit, dans un lieu d'où je viens, de tout ce qui nous intéresse; c'est lui qui m'a appris que nos adversaires vous avaient conduite en ce lieu, et désormais vous allez être sous ma garde. » A ces paroles je crus, signor, qu'il allait me donner la liberté ; mais ce n'était pas son intention ; il commença par me faire de telles questions qu'il ne me fut pas difficile d'apercevoir qu'il se disait plus instruit qu'il ne l'était effectivement; tantôt il me racontait une foule de choses surprenantes, tantôt il ignorait ce que son protecteur lui eût appris, si réellement il lui avait parlé ; et ces divagations m'engagèrent à me tenir sur la réserve, car je soupçonnais sa sincérité; la suite me prouva clairement la réalité de mes conjectures ; il exigea de moi des aveux que je ne voulais pas lui faire, et il sortit furieux après m'avoir annoncé que les portes ne tomberaient devant moi qu'après que je lui aurais fait un aveu sincère de tout ce que je pouvais savoir.

Il ne s'en tint pas là ; diverses fois il est revenu, et son audace n'a pas eu de borne. Ah ! par pitié, sauvez-moi de l'outrage qu'il me prépare ; si j'en crois ses menaces dernières, il ne tardera pas à le consommer.

Plus Elphyre parlait, moins Grimani pouvait revenir de son étonnement ; il demanda à cette jeune personne par quelles premières mains elle avait été conduite dans ce lieu, et comment on avait instruit Lorédan de cette particularité ; mais sur ce point elle ne pouvait donner aucune lumière ; elle ignorait entièrement ce que Francavilla ne lui avait pas appris.

Amédéo, reprenant la parole : « Je dois me rendre à l'évidence, dit-il à la belle Elphyre, et Lorédan doit être coupable, puisque vous l'accusez ; il faut que sa conduite ne soit pas régulière, puisque son protecteur l'abandonne, et qu'il s'est adressé à moi pour opérer votre délivrance. Je n'ai pas de secret antérieur à conserver ; aussi puis-je hardiment me faire connaître : l'on me nomme Amédéo, et je suis le baron Grimani, cousin-germain de Francavilla.

Jusqu'à ce jour je tins à gloire d'être son ami ; maintenant il me fait horreur. Cependant, signora, quand on vous voit, on ne peut s'empêcher de le plaindre ; malheureux celui qui ne parviendra pas à mériter votre estime. »

Amédéo allait prononcer un autre mot ; il n'osa pas le faire dans la crainte d'allumer la défiance de la prisonnière ; mais Elphyre le devina, et elle eut besoin de courber sa tête pour dérober sa nouvelle rougeur.

« Je vous ai dit, reprit Grimani, que j'étais prêt à vous arracher à vos fers ; mais, signora, où pourrai-je vous conduire ? à quels amis faudra-t-il remettre un dépôt si précieux ?

» Je vais vous étonner, répondit Elphyre ; nul ami ne peut me recevoir ; et, jusqu'à de nouveaux événemens, je suis isolée sur la terre ; si ma prison me semble odieuse, si je souhaite d'en sortir, j'ignore en quel lieu je pourrais reposer ma tête.

— » Quoi, signora, et Stéphano !

— » Je le connais à peine ; ce n'est pas lui que je fus confiée, et j'ignore où je pourrais trouver mes protecteurs ; tout ce que je désire de votre pitié généreuse, c'est de me faciliter les moyens d'entrer dans un couvent ; là j'attendrai que des jours plus prospères luisent pour moi et pour mon ami.

— » Vos desirs, répondit Amédéo, seront accomplis, je vous le jure ; mais il faut écouter la prudence et vous éloigner de ces contrées, de façon à ce que votre trace ne soit pas facilement retrouvée ; souffrez donc que, pour un moment, je vous quitte ; je vais aller fréter une felouque au port d'Altanéro ; elle sera cette nuit toute prête à être mise à la voile, et par elle nous fuirons de ces murs odieux. Lorédan sans doute ne viendra pas vous visiter avant son heure ordinaire ; et moi, dès que la nuit sera venue, je reviendrai positivement. Le marquis, ne se doutant pas que je pourrais un jour user de son secret pour confondre ses coupables menées, m'indiqua une route cachée, par laquelle on sort d'Altanéro ; je m'en servirai pour assurer votre délivrance et pour le punir de son audacieuse conduite. »

Elphyre se montra reconnaissante des nobles sentimens que lui témoignait Amédéo. « Signor, lui dit-elle en prenant sa main, je me confie à vous avec toute sécurité ; non, vous ne chercherez pas à tromper une fille infortunée, et la vertu ne vous accusera jamais d'avoir affecté de suivre ses maximes. »

Amédéo, dans un pareil entousiasme, prit le ciel à témoin de la pureté de ses intentions ; il lui jura un respect, un dévouement sans borne; et, voyant le jour s'avancer, il jugea qu'il n'avait pas de temps à perdre s'il voulait, avant la nuit, comme avant le retour de Lorédan, parvenir à frêter un léger navire.

Il eût bien voulu néanmoins ne pas s'éloigner de la belle Elphyre ; mais la nécessité lui commandait, et il obéit; il parcourut rapidement les souterrains et les salles désertes; il franchit la dernière porte sans être aperçu, et sortit aussi vîte du château; sa course l'eut bientôt conduit sur la plage.

Là se trouvaient plusieurs felouques; Amédéo demanda le pilote de celle qui lui parut la plus légère; on le lui indiqua, et facilement ils s'accordèrent ensemble. Le marinier convint de se trouver à la chûte du jour, et qu'il serait prêt à mettre à lavoile avec ses matelots sur la grève voisine. Il répondit du succès d'une prompte navigation.

Ce soin terminé, Amédéo rentra dans le château, et peu d'instans après, Lorédan y revint avec Mazini. L'archevêque de Palerme était resté à Rosa-Marini jusqu'au jour de la noce, fixée, comme nous l'avons dit, au mardi suivant; et le samedi finissait avec la nuit prochaine.

Tout ce que put faire Grimani fut de cacher à Lorédan la haine que maintenant il lui portait, non qu'il eût le projet de laisser impunie sa conduite envers Elphyre; mais il ne voulait se mesurer avec lui qu'après avoir soustrait cette belle personne à son injuste pouvoir.

Il partit à l'instant convenu, et put, avec autant de bonheur, rentrer dans le grand appartement et arriver auprès de son Elphyre; il apportait un manteau dont il l'enveloppa, une toque pour couvrir sa belle chevelure; et lui donnant la main, il la mena à travers le passage qui conduisait du fossé hors des limites de la forteresse, sans avoir rencontré un témoin indiscret.

Tandis qu'il prenait le soin de faire préparer un lit dans la felouque, pour que sa jeune amie pût passer à son aise le reste de la nuit, le pilote, propriétaire du navire, vint à lui.

—«Signor, lui dit-il, une malheureuse femme de matelot qu'on vient de me recommander, voudrait aller rejoindre son mari à Palerme, voulez-vous me permettre de la prendre sur mon bord? »

Amédéo n'avait garde de refuser une prière semblable. Que lui importait une obscure femme qu'il ne devait plus revoir dans la suite ; d'ailleurs il ne fut pas fâché qu'une personne du sexe d'Elphyre se trouvât avec elle, et sans peine il y donna son consentement.

Le pilote, un instant après avoir quitté Grimani, reparut, conduisant une femme enveloppée dans une grande mante; elle se plaça dans un coin opposé à la place où Elphyre reposait; et en même temps le pilote ayant crié *au large!* la felouque s'éloigna du rivage et gagna la pleine mer.

FIN DU SECOND VOLUME.

CATALOGUE

Des Romans publiés par l'Auteur du Monastère des Frères Noirs, qui se trouvent chez le même Libraire.

Clémence Isaure, 3 vol. in-12............publié en 1808.

Gabriel, ou le Fanatisme, 4 vol. in-12... — 1809.

L'Ermite de la Tombe.................. — 1814.

Tête de Mort, ou la Croix du Cimetière de Saint-Adrien, 4 vol. in-12........... — 1816.

Les Chevaliers du Temple, ou les Mystères de la Tour de Saint-Jean, 4 vol. in-12.. — 1819.

Maître Étienne, ou les Fermiers et les Châtelains, 4 vol. in-12............... — 1819.

Jean de Procida, 4 vol. in-12............ — 1820.

La Vampire, ou la Vierge de Hongrie, 4 vol. in-12......................... — 1824.

IMP. DE DAVID, RUE DU FAUB. POISSONNIÈRE, Nº 1.

www.ingramcontent.com/pod-product-compliance
Lightning Source LLC
LaVergne TN
LVHW010551110826
845149LV00003B/629

* 9 7 8 2 0 1 1 8 6 7 1 9 3 *